养老服务理论与实务丛书

主　编　张　瑾　冯建光

副主编　徐宏卓

养老机构护理服务实用手册

曹　晖　编著

U0952062

華東理工大學出版社
EAST CHINA UNIVERSITY OF SCIENCE AND TECHNOLOGY PRESS
·上海·

图书在版编目(CIP)数据

养老机构护理服务实用手册 / 曹晖编著. —上海:华东理工大学出版社,2022.8

(养老服务理论与实务丛书 / 张瑾,冯建光主编)

ISBN 978-7-5628-6737-1

Ⅰ.①养… Ⅱ.①曹… Ⅲ.①老年人-护理-手册 Ⅳ.①R473.59-62

中国版本图书馆CIP数据核字(2022)第148352号

内容提要

本书以专业价值观和理念为指引,以实用技能为主线,从护理理念、护理价值观和伦理原则、护理礼仪规范,以及基础护理、医疗护理、康复护理、心理护理工作实务等方面对与养老机构护理服务相关的内容进行了阐述。全书对各服务项目的护理要求、操作步骤等进行了较为全面、细致的描述,各项操作技能条目清楚,同时配有简洁明了的操作流程图,针对性、实用性和可操作性较强,对于养老护理人员有较强的实际指导意义。

本书可作为养老机构、社区、居家养老护理人员的价值观指引和护理技术操作指南,用以规范养老护理服务技术操作,提升养老护理服务水平和专业化程度,满足老年人日益增长的照护需求。

策划编辑 / 刘 军
责任编辑 / 张 云
责任校对 / 程 楠
装帧设计 / 徐 蓉
出版发行 / 华东理工大学出版社有限公司
地址:上海市梅陇路130号,200237
电话:021-64250306
网址:www.ecustpress.cn
邮箱:zongbianban@ecustpress.cn
印 刷 / 江苏凤凰数码印务有限公司
开 本 / 710 mm×1000 mm 1/16
印 张 / 14.25
字 数 / 182千字
版 次 / 2022年8月第1版
印 次 / 2022年8月第1次
定 价 / 68.00元

希望能够开发出与工作岗位联系密切的教材，真正做到“所学即所用”，使学校课堂和工作岗位无缝衔接。基于上述初衷，上海开放大学在上海养老智库的支持下，组织编写“养老服务理论与实务丛书”。本丛书一套八本，包括养老机构员工能力方面三本，即《养老机构员工手册》《养老机构社会工作服务手册》《养老机构实用菜谱》，养老服务机构服务过程方面五本，即《养老机构老人入住流程》《养老机构失智症老人日常照护》《养老机构应急处理流程手册》《养老机构护理服务实用手册》《养老机构老年人个案照护计划指导手册》。

“养老服务理论与实务丛书”能够发挥什么作用呢？也就是丛书的定位是什么呢？我们认为主要有三个方面：第一是学历教育的参考用书。上海开放大学是上海较早开办养老服务学历教育的高校，目前也正在成体系建设养老学历教育的教材，但学历教育仅有教材是不够的，应该配套建设一些教学参考书，拓宽学生的视野和知识面，本丛书就能很好地发挥这样的作用。第二是养老机构的管理指导用书。养老机构的具体业务应该如何开展，如何个性化服务老年人，如何提高养老机构的规范化、专业化水平，这套书对以上这些问题做了比较实用和详尽的阐述。同时，这套书的编写过程凝聚了大量养老服务优秀管理者的实务经验，以及养老机构长期以来的工作总结提炼，这些内容将能够为养老机构管理人员提供比较好的指导。第三是养老职业培训机构的教材。丛书中的任何一本书都集聚了养老行业相关领域专业、实用的知识和技能，可以提高培训机构的培训质量。尤其是对那些刚刚进入养老行业的从业者来说，一开始就使用权威、正规的培训教材，对于其专业认知的提高和职业能力的提升是非常有帮助的。

当然，从时代发展的角度来看，这套丛书还有很多不完善的地方，我们并不认为这八本书就已经涵盖了养老机构服务与管理的方方面面，甚至可以说只是养老机构服务众多领域中的一部分。这些领域的选择一定

丛书总序

深度老龄化是当前上海城市发展面临的紧迫性社会问题。上海市委和市政府对此高度重视，出台了一系列政策，推动养老服务业提质增效、快速发展。教育领域也积极行动，通过加强专业化的养老服务人才培养，为上海养老服务事业提供强有力的人才保障。在《国务院办公厅关于推进养老服务发展的意见》(国办发〔2019〕5 号)、《上海市深化养老服务实施方案(2019—2022 年)》(沪府规〔2019〕26 号)出台的背景下，上海市教委随即制定了《上海高校养老服务类专业建设三年行动计划》(沪教委高〔2019〕5 号)，明确以人才培养为根本，以提高质量为核心，支持相关高校建设一批养老服务类专业，通过打造课程、培养师资，切实推动养老服务人才培养。

上海开放大学主动适应区域经济社会发展需要，2018 年在上海市民政局的支持下，开设了老年服务与管理专业。通过探索政校合作、立足行业需求、创新培养模式，初步实现了留住行业从业主力的培养效果。2020 年 1 月，上海开放大学首届老年服务与管理专业学生毕业，共有 269 名学生获得了专科学历，60%以上的学生是一线护理员，他们在提升学历后重新返回养老服务岗位。他们中的很多人成了养老机构的中坚力量，为长三角区域增添了养老、助老的生机与活力。

在人才培养的同时，我们也深感教材的匮乏。老年服务与管理专业对于高等教育而言是一个新兴的专业，是融护理学、医学、营养学、社会学、管理学等学科为一体的应用型专业。过去，高校对于老年服务与管理专业的研究是不够的，教材的编写也主要脱胎于相近专业和学科，较难满足养老服务人员对真实工作场景所需知识、能力的学习要求。因此，我们希望能够开发出与工作岗位联系密切的教材，真正做到“所学即所用”，使学校课堂和工作岗位无缝衔接。基于上述初衷，上海开放大学在上海养老智库的支持下，组织编写“养老服务理论与实务丛书”。本丛书一套八本，包括养老机构员工能力方面三本，即《养老机构员工手册》《养老机构社会工作服务手册》《养老机构实用菜谱》，养老服务机构服务过程方面五本，即《养老机构老人入住流程》《养老机构失智症老人日常照护》《养老机构应急处理流程手册》《养老机构护理服务实用手册》《养老机构老年人个案照护计划指导手册》。

“养老服务理论与实务丛书”能够发挥什么作用呢？也就是丛书的定位是什么呢？我们认为主要有三个方面：第一是学历教育的参考用书。上海开放大学是上海较早开办养老服务学历教育的高校，目前也正在成体系建设养老学历教育的教材，但学历教育仅有教材是不够的，应该配套建设一些教学参考书，拓宽学生的视野和知识面，本丛书就能很好地发挥这样的作用。第二是养老机构的管理指导用书。养老机构的具体业务应该如何开展，如何个性化服务老年人，如何提高养老机构的规范化、专业化水平，这套书对以上这些问题做了比较实用和详尽的阐述。同时，这套书的编写过程凝聚了大量养老服务优秀管理者的实务经验，以及养老机构长期以来的工作总结提炼，这些内容将能够为养老机构管理人员提供比较好的指导。第三是养老职业培训机构的教材。丛书中的任何一本书都集聚了养老行业相关领域专业、实用的知识和技能，可以提高培训机构的培训质量。尤其是对那些刚刚进入养老行业的从业者来说，一开始就使用权威、正规的培训教材，对于其专业认知的提高和职业能力的提升是非常有帮助的。

当然，从时代发展的角度来看，这套丛书还有很多不完善的地方，我们并不认为这八本书就已经涵盖了养老机构服务与管理的方方面面，甚至可以说只是养老机构服务众多领域中的一部分。这些领域的选择一定程度上还受到作者专业的限制，在完整性上可能还存在一定瑕疵。但这些都不重要，关键在于“做”。面对日益老龄化的社会、日益增长的需求、不断提高的服务品质要求，目前无论是养老学历教育还是非学历培训，专业的学习资源都是非常欠缺的。在这样的背景下，我们勇敢地迈出第一步，努力地为这个行业创造一些价值、积累一些成果，也是对这个行业的推动和贡献。尽管还存在一些不完善，但这种“不完善”依然是充满魅力的。我们希望本丛书能为我国养老行业、养老专业的发展尽一点绵薄之力。

最后，在此丛书付印出版之际，我们作为编者依然会感到内心惶恐。相对于其他成熟学科而言，养老服务与管理专业依然属于一个新兴专业。研究人员少，研究成果缺，但与之对应的却是不断提高的老龄化水平和人民对于高质量养老服务的期待。希望广大读者能够不吝赐教，提出宝贵的意见和建议，希冀未来再版时一并修正。

丛书主编、上海开放大学副校长　张　瑾

前 言

随着我国人口老龄化程度的不断加深，高龄、失能、失智老年人数量的不断增加，以及老年人照护需求的不断增长，传统家庭养老模式已逐渐不能满足老年人的需求。积极发展养老服务行业，培养养老服务人才，是应对人口老龄化的必然要求。

作为缓解养老照护压力的一个重要途径，机构养老近年来得到快速发展。与社区养老、家庭养老相比，机构养老提供的护理服务内容更齐全，专业化程度也更高，应该成为养老服务人才和技术汇集的高地。但在现实中，养老机构面临的最大困难就是专业人才数量不足和专业水平不高，无法满足老年人日益增长的长期照护需要。

本书以专业价值观和理念为指引，以实用技能为主线，在整理、总结有关文献资料和养老从业实践经验的基础上，从理念、制度、实务三个方面对机构养老护理要求和方法进行了阐述。其中，作为本书重点的实务部分分为基础护理、医疗护理、康复护理、心理护理四个板块，对各类护理服务操作进行了较为全面、细致的说明和描述，操作项目的选取参照了上海市长期护理保险服务、国家养老护理员职业培训的主要项目，对于养老机构的护理工作、人才培养有较强的指导价值，对于居家、社区养老护理人员也有较高的参考价值。

由于编者水平有限，本书的编写仍有不足之处，还望广大读者批评、指正。

曹　晖

目　录

第一编　理　　念

第二编　制　　度

第三编　实　　务

第一编

理　念

在护理服务工作中，正确的护理理念、护理价值观等对护理服务人员开展高质量的护理服务具有极其重要的引导作用。为了使护理服务人员加深对护理服务的认识，规范其护理服务行为，本编对老年护理过程中护理服务人员应遵循的护理理念、价值观、伦理原则、礼仪规范等进行了阐述，也提出了护理服务人员自我照护的理念和方法。

第一章　护理理念

理念对应的英语单词为 philosophy，它左右着一个人的思维方式，影响着一个人的言谈举止，也影响着一个人判断是非和评判事物价值的能力。掌握先进的护理理念可以帮助护理服务人员提高对护理服务工作的认知，规范其思想和职业行为，推动护理工作不断发展和完善，从而提升养老护理服务质量。

第一节　概　　念

一、理念

理念是人的信念与价值观的组合。它以原则的形式左右和指引个人的思维方式和言谈举止，协助个人判断是非和评判事物的价值。[①]

---

① 张织雯：《护理学导论》，武汉大学出版社 2015 年版，第 18 页。

二、护理理念

护理理念是护理服务工作的核心，是指引护理服务人员认识和判断护理专业及其相关方面的价值和信念。护理理念从专业的角度揭示了护理的本质，从而使护理服务人员更好地理解护理专业和护理工作，选择适宜的护理行为和态度，从而提高护理服务的水平和质量。

第二节　现代护理理念

一、整体护理

医学和护理科学的迅速发展，促使我国护理学者对护理的本质、目标、社会地位和社会价值等问题进行理论上的探讨，特别是在研究和借鉴西方护理理念等方面取得了很大的进步。随着护理对象不断增加、工作范围不断扩大，护理模式逐渐由过去的"以疾病为中心"转向"以患者为中心"和"以人的健康为中心"。

整体护理是以现代护理观为指导，以人的健康为目标，以护理程序为核心，以科学的思维方法为基础，为护理对象提供包括生理、心理、社会、文化等各方面整体护理服务及护理教育的模式。[①]

长期以来，护理以疾病为中心，把执行医嘱和技术操作作为主要目标，难以体现护理工作的价值与信念。整体护理以护理对象为中心，将为护理对象解决问题作为护理目标，赋予了护理工作更多的自主权和独立性，有利于更大限度地发挥护理服务人员的作用，从而为护理对象提供更高水平的服务。

① 侯志萍等：《护理管理与临床护理实践》，吉林科学技术出版社 2017 年版，第 17 页。

整体护理的要求主要包括以下方面。

1. 个体

在护理过程中，护理服务人员要密切关注护理对象的生理、心理、精神、文化等状况。

2. 群体

护理服务人员要了解护理对象的群体特征，关注护理对象所处家庭和社区等群体性环境，从人与环境联结的角度考虑问题。

3. 个体生命历程

护理服务人员要从纵向的角度关注护理对象的生命历程，结合对护理对象的生理、心理、精神、文化等横向方面的观察与了解，制订契合护理对象需求的、科学合理的护理方案，从而提高护理服务质量。

在养老机构发展初期，护理工作的重点是为老年人提供生活上的支持服务。随着养老护理理念的进步，关注老年人生理上、心理上的全面需求，支持老年人作为一个完整的社会人更自主、更健康、更有意义地生活，已成为养老机构护理服务的重要理念和目标。

二、循证护理

循证护理是指护理服务人员在制订护理活动计划的过程中，审慎、准确、明智地将科研结论与临床经验、护理对象的愿望相结合，获取证据，以作为护理决策依据的过程。[①] 循证护理强调以护理实践中的实际问题为出发点，在科学循证和决策的过程中，护理服务人员应着重考虑如下方面：(1) 获取最佳证据；(2) 运用自身经验和技能做出专业判断；(3) 尊重护理对象的需求和偏好；(4) 考虑证据应用的场景，如护理对象的经济承受能力、文化信仰，所需资源的可获得性和适宜性等。

---

① 王雪玲：《现代护理新思维》，天津科学技术出版社 2018 年版，第 27—28 页。

循证护理要求护理服务人员具备较高的综合素质，除了专业能力和经验外，还要有一定的科研、文献检索等能力。通过循证护理实践，护理服务人员可以有效利用现有的研究资源，改进工作方法，为护理对象提供更优质、更适宜的护理服务，这对养老机构服务质量的提高有着积极的意义。

三、人文关怀

人文关怀是对人的生存状况、人的尊严、人性的肯定以及对人类解放与自由的追求，简而言之，就是以人为本，关心人、爱护人、尊重人。随着社会的发展，人们的健康需求不断增长，人文关怀也越来越显示出它的独特价值。

在实际护理工作中，人文关怀集中体现在对护理对象的生命与健康、权利与需求、人格与尊严的维护，包括护理内部环境的人性氛围和护理服务人员的素质、品格等，它是整体护理向纵深发展的内在动力。

养老机构应充分认识到人文关怀的必要性和重要性，深刻把握人文关怀的内涵，建设具有人文精神的机构文化，打造以人为本的人文环境，关爱、尊重老年人。从更宽泛的角度来看，以人为本也意味着：一方面，在养老机构中，决策的出发点是老年人，而不是机构的利益；另一方面，关注每一位老年人的个性化需求，根据老年人的具体情况、喜好及护理场景提供适当的服务。

养老机构不仅要引导护理服务人员树立人文关怀的理念，还要通过人性化的管理将人文意识传递给每一位护理服务人员，因为如果没有护理服务人员的满意，就很难有老年人群体的满意。

四、延续护理

延续护理是指通过一系列行动设计来确保护理对象在不同的健康照

护场所及同一健康照护场所受到不同水平的协作性和连续性照护。[①] 目前延续护理应用较多的是“医院—社区—家庭”模式，而对老年人群体来说，“医院—养老机构”的延续护理也是提高老年慢性病护理服务质量、减少再次住院次数、改善老年人生活质量的适宜措施。[②]

在养老行业医养结合的背景下，养老机构应与医疗机构进行更为密切的合作，通过延续护理让老年人享受到全程性、协调性和连续性的护理服务。

① 应巧燕、徐克珮、刘桂英等：《我国延续性护理的概念分析》，《护理学杂志》2020 年第 4 期。

② 徐翠、吴培香、于莉等：《医养结合理念下延续护理在养老机构中的研究现状》，《护理研究》2020 年第 3 期。

第二章　护理价值观和伦理原则

价值观是一个人对周围客观事物(包括人、事、物)的是非、意义、重要性的总的评估和看法,是影响一个人的行为的重要因素。伦理是处理人与人之间关系的道理和规则①,侧重于反映人伦关系及维持人伦关系所必须遵循的原则。

护理价值观和护理伦理对护理实践有着重要的意义,能够指导护理服务人员的职业行为,推动护理事业健康、规范发展。

第一节　护理价值观

一、对护理对象的价值观

在老年护理服务过程中,护理服务人员所秉持的价值观对服务质量

① 孟令君、刘俊敏:《老年服务伦理与礼仪》,海洋出版社 2017 年版,第 5 页。

以及护理对象的满意度和幸福感有着至关重要的作用。护理服务人员应树立和培养的价值观主要包括以下内容。

1. 尊重人格尊严

每个生命都是独一无二的存在。衰老或疾病使得老年人在生活中存在或多或少的不便，常常需要他人的帮助，但每个人的生命价值和人格尊严都应受到肯定。无论入住养老机构的老年人处于一种怎样的状态，具有怎样的个性，护理服务人员在提供护理服务时都应该以尊重的态度去对待他们，切不可对老年人抱有怜悯、轻视甚至嫌弃的态度，或给老年人贴上“无用”的标签，否则容易损伤老年人的自尊心，甚至降低老年人的生存欲望。

2. 接纳并赋能

受到健康状况、过往生活经验与社会角色等多重因素影响，老年人的身体机能与精神心理状态各不相同。护理服务人员应理解、接纳老年人的现状，并且充分认识到即使是在老年阶段，老年人仍有参与社会生活、自我发展的愿望与需求。护理服务人员不应盯着老年人已经失去的功能，而应以优势视角去发掘老年人的潜能，关心他们的生理和心理发展需求，设法为他们提供机会与社会资源，帮助其保持人格独立，激发其生活热情，从而使其活出人生价值。

3. 自立支援

养老服务不同于宾馆、餐厅里的接待服务，不应以周到地代替顾客完成尽可能多的事务为工作目标。在陈旧的养老理念中，一些养老机构的护理服务人员认为让老年人“平安无事”地生活在机构里就是工作的全部内容。为了显示服务的体贴、周到和“物超所值”，也为了提高护理服务效率，一些护理服务人员往往会对老年人的生活大包大揽。殊不知，如果长期对老年人生活进行包办代替，老年人的生活自理能力会逐渐下降，“细致的服务”反而使老年人成为“无辜的受害者”。即使一些老年人存在严重残障，需要护理服务人员提供很多帮助，他们也仍然希望自己是生活的主人公，护理服务仅限于为其提供相应的支援。① 如果护理服务人员缺乏这样的观念，就容易把每天的工作作为必须完成的任务，难以顾及老年人的心情，甚至将老年人的小小愿望看作“任性”的表现。

对老年人而言，即使是下一口吃什么或以怎样的节奏咀嚼和吞咽食物这样的小事，他们也希望能够自己掌控。护理服务人员应在可能的情况下尽量满足老年人选择的权利和个性化需求，鼓励、支持老年人多动手，协助老年人按自己的节奏和喜好完成力所能及的事情。在精神上，护理服务人员应鼓励老年人积极参与“自己的生活”，充分发挥老年人的自主性，避免其处于“被动接受”的状态。例如，双方共同商定老年人的护理、康复、活动计划，让老年人即使处于被护理的状态，也能生活得满足和充实。

4. 同理心

同理心可以理解为站在对方的角度和立场去理解其行为和表现，探究其心境的一种价值观念。老年人经历着生理功能衰退、社会关系丧失、从健康到患病等变化，容易出现消极、悲观的情绪和心理，有些老年人还会表现出固执、抗拒甚至让人感觉“不可理喻”的行为。护理服务人员应秉持同理心去体会、包容他们的情绪和言行，去感知他们没有表达或无法表达的需求。同理心的运用可以使护理服务人员在照护老年人时设身处地地为老年人着想，弄清楚老年人的需求，为老年人提供更加优质的服务，同时也可以增强护理服务人员的耐心和责任心。

5. 隐私保护

作为职业价值观，保护服务对象的隐私并非护理行业所独有，而是当

① 日本社会福利法人旭川庄：《老年介护技术教程》，上海世界图书出版公司 2017 年版，第 30 页。

今许多服务行业都要遵守的“职业默契”。每一位老年人都是有尊严的个体，即使是失能或失智，其隐私权的保护也应受到重视。隐私保护既包括护理服务人员不得将老年人的生理和心理状况、个人和家庭情况等信息随意透露或故意泄露给无关人员，也包括在日常护理操作中避免暴露老年人身体私密部位。在自媒体高度发达的社会环境中，老年人的影像资料也是隐私保护的一项重要内容。

6. 平等对待

护理服务人员应为护理对象提供无歧视的服务，不能因护理对象的身份、家境、行为习惯、文化程度、生活自理能力等存在差异而在服务过程中给予不同的对待。

二、对服务提供者自我的价值观

护理服务人员除了在作为服务提供者提供护理服务时应坚持正确的职业价值观外，作为个体本身，也应对自己负责，树立和培养有利于自身成长与发展的价值观。

1. 接纳自我

从事养老护理服务工作的人员（养老护理员）常常会被贴上“学历低”“年龄大”“社会地位低”“工作既累又脏”等标签。在不少人的印象中，养老护理服务是一份在“没有更好选择”时才会从事的职业。造成这一现状的原因之一是社会大环境的影响。另外，这与护理服务人员的自我标签化也有一定关系。首先，一些护理服务人员对自我的接纳程度较低，不能正确地认识自己的职业与价值，妄自菲薄；其次，护理服务人员整体待遇水平低、社会地位低的事实，导致护理服务人员对自己有错误的认知。在一定层面上，护理服务人员并非社会大众口中的“底层人员”，而是专业技术人员。护理服务人员应接纳自我，正确认知自己的职业和价值。树立正确的价值观有助于服务质量的提高和自我的成长与发展。

2. 关爱自我

护理服务人员在为老年人提供护理服务前要先学会善待自己、关爱自己，只有将自己照料好，才能有更充沛的精力和更好的心情去照料老年人。具体来说，关爱自己包括合理安排好日常生活、保持良好的精神状态和心理状态、避免过度疲劳等。

3. 发展自我

如上文所述，护理服务人员作为专业技术人员，应积极参与机构组织的有关培训，主动学习护理知识与技能，不断提升自身的护理水平与服务质量，努力实现自我发展与自我完善。

第二节 护理伦理

一、定义

护理伦理是调整护理活动中护理服务人员之间、护理服务人员与社会之间、护理服务人员与自然之间关系的行为规范的总和[①]，其贯穿于护理活动的始终。将护理伦理的原则应用于实践，有利于护理服务人员选择合乎道德的行为，促进护理服务人员切实履行保护护理对象生命、减轻护理对象痛苦、增进护理对象健康的职责。

二、护理伦理的原则

护理服务人员与护理对象之间的关系是护理伦理中最基本、最关键的关系，主要的伦理原则有以下四项。

① 徐桂莲、高玉萍：《护理伦理与法规：临床案例版》，华中科技大学出版社 2016 年版，第 6 页。

1. 尊重原则

尊重原则又称自主原则，是指护理服务人员对护理对象人格和权利的尊重。护理服务人员要重视护理对象的内心感受和精神体会，不能以自己的主观标准对护理对象的需求指手画脚，要尊重和维护护理对象的知情权和自主选择权，强调在可能的情况下由其自己做出决定，一旦其做出决定，原则上必须尊重。

当然，在养老机构中，对于生活照护方面的问题，老年人比较容易做出个人选择。但当护理服务中涉及医学、护理学的专业问题时，让老年人参与决策的前提是他们具有足够的分析、决断能力，且得到专业人员在医学知识、护理措施等相关方面的充分支持。护理服务人员应耐心地与老年人沟通，也可以提出自己的建议，但不应强迫老年人接受或不接受某种护理方案，而应鼓励老年人充分表达自己的真实意愿，选择恰当的护理方案。

此外，尊重原则也包括尊重护理对象的隐私权。

2. 有利原则

有利原则是指护理服务人员行为的动机与效果均应对护理对象有利，把护理对象的利益放在第一位，尽可能避免对其造成伤害。这一原则在西方也被称为行善原则。

3. 不伤害原则

不伤害原则是指在医护实践中最大限度地避免给护理对象造成不应有的任何伤害的伦理原则。按不同的分类方法，伤害可分为躯体伤害、精神伤害、经济损失，还可以分为有意伤害和无意伤害、可知伤害和意外伤害、可控伤害和不可控伤害、责任伤害和非责任伤害。

在护理过程中，护理服务人员应杜绝有意伤害、责任伤害和精神伤害，如虐待行为，责任心不强而导致的护理事故，态度冷漠或语言尖刻对护理对象造成的精神伤害，等等。护理服务人员要尽量为护理对象提供恰当的诊疗和护理方案，以减少无意的可知伤害。当诊疗和护理方案对护理对象既有利又有弊时，护理服务人员要权衡利弊，选择疗效较好、伤害较小的方案。

4. 公正原则

公正原则是指在护理服务中公平、正直地对待每一位护理对象的伦理原则。它包括两个方面的内容：一方面，在具体的护理服务中，护理服务人员应一视同仁，公正、平等地对待每一位护理对象；另一方面，在宏观的医疗卫生资源分配过程中，护理服务人员应坚持公平优先、兼顾效率的原则，让公众享有平等的卫生保健权利。

第三章　护理礼仪规范

护理礼仪是一种职业礼仪，是护理服务人员在工作岗位上应当遵守的行为规范，包括仪表、服饰、举止、谈吐等方面的具体要求。

良好的护理礼仪不仅是护理服务人员专业化、职业化的需要，而且是护理服务人员自身文化修养、精神风貌的体现，更能体现护理服务人员对护理对象的尊重和友善。

第一节　护理礼仪的概念和内容

一、护理礼仪的概念

护理礼仪是护理服务人员在社会生活中，尤其是在提供护理服务的过程中为塑造个人、机构形象而应当遵循的尊重他人和注重仪表等方面的规范、准则，是一般礼仪在护理工作中的运用和体现。它包括言谈举止合情合理、得体大方，用护理对象容易接受的方式与他们交往等内容。

二、护理礼仪的内容

1. 护理仪表和风度礼仪

仪表和风度以言语、举止、态度为表征，它是一个人的德、才、体、貌等各种素质在社会交往中的综合表现。得体的仪表、风度既体现了护理服务人员对护理对象的尊重，可以给护理对象留下良好的第一印象，也是自尊自爱的表现。

2. 护理服饰礼仪

着装能体现一个人的文化修养和审美情趣，是一个人的身份、气质、内在素质的无言的“介绍信”。护理服务人员在工作场合穿着得体、适度、规范，一方面能表现出其严谨的工作态度，另一方面也能向护理对象表达一种礼貌，有利于两者关系的和谐发展。

3. 护理举止礼仪

举止是一种无声的“语言”，它能在很大程度上反映一个人的素质、受教育程度以及能够被人信任的程度。它在护理服务人员与护理对象关系的发展中也起着非常重要的作用。一个举止恰当的护理服务人员，能充分体现护理职业的独特魅力，给人们留下温和、善良、仁爱的形象。

4. 护理语言礼仪

语言礼仪是护理服务人员必须掌握的最基本的工作技巧。护理服务人员除了可以通过语言向护理对象传递尊重、友善、平等等信息外，还可以通过语言了解护理对象的具体情况，及时发现问题，从而提供更全面的护理服务。老年人更渴望被尊重和理解，害怕孤独，有些老年人心理还比较敏感，护理服务人员更应该注意沟通中的语言礼仪。

第二节 护理礼仪的具体要求

一、护理仪表和风度礼仪要求

1. 注重良好的个人卫生习惯

(1) 坚持勤洗手、洗脸、刷牙、洗头、洗澡、剪指甲等。

(2) 不留长指甲,不涂指甲油。

(3) 去除眼角、耳、鼻等处的分泌物,鼻毛、耳毛不外露。

(4) 注意掩饰腋毛和腿毛。

(5) 工作服清洁、适体、平整、无污迹、无血迹,衣扣要扣齐,内衣不外露。

(6) 头发梳理整齐且无异味。

2. 注重整体形象

护理仪表礼仪强调整体形象效果。洁净的皮肤和适宜的服饰会使护理服务人员的整体形象加分增色。然而仪表礼仪不仅仅局限于此,它应该是多方面因素的和谐统一。过分突出某一部分会破坏整体的和谐,使总体形象减分。

3. 注重内在心灵美与外在仪表美相统一

护理仪表、风度礼仪不仅体现在护理服务人员的行为上,还体现在护理服务人员的心灵上。美的风度来自良好的道德修养、丰富的文化内涵和饱满的精神状态,因此,护理服务人员必须重视个人内在素质的提高。

二、护理服饰礼仪要求

1. 整洁

(1) 着装须整洁,衣服要勤换、勤洗、熨平,领口、袖口简单利落,裤脚在鞋跟以上平脚面处。

(2) 不穿拖鞋、凉鞋或靴子,不宜光脚。

2. 大方

(1) 不穿奇装异服,服饰不能过于华丽、时髦,颜色不能太艳,也不宜穿黑色等颜色过于沉闷的衣服。

(2) 发型大方得体,头发不可遮盖眼睛,女性护理服务人员不梳披肩发,不戴艳丽、花哨的装饰物。

(3) 在工作岗位上不戴墨镜、戒指、手镯、手链等饰物,不戴粗长的项链及各种耳饰。

(4) 忌浓妆艳抹,若需要化妆,则应淡妆上岗;不喷气味过浓的香水,以免引起护理对象的反感和不良反应。

3. 适体

护理服务人员应根据自己的年龄、体形和工作内容等选择合适的服饰。年轻护理服务人员可穿得相对鲜艳、活泼,以充分体现年轻人的朝气,让护理对象感受到生命的活力;中年护理服务人员的着装则要注意庄重、雅致,体现出成熟和稳重。

4. 文明

(1) 护理服务人员在工作场合切忌袒胸露背、露脐、露肩、露大腿、露腋窝和露脚趾。

(2) 护理服务人员着装忌太透。

(3) 护理服务人员着装忌太短,裙长至少要到膝盖处。

(4) 护理服务人员着装忌太紧,否则既影响活动,又可能使内衣、内裤隐约可见,不雅观。

三、护理举止礼仪要求

1. 文明

(1) 护理服务人员的举止要自然大方,讲究礼节,体现出良好的文化教养。

(2) 切忌在公共场合做出挖鼻孔、掏耳朵、擦眼屎、擤鼻涕、吐痰、剔牙齿、脱鞋子等不雅行为。

2. 得体

(1) 护理服务人员应根据工作的内容、性质、时间、场合、对象等,有分寸地控制自己的举止,使点头、举手、起立、鼓掌等都恰到好处、得体适度。

(2) 女性护理服务人员不要双腿叉开站立、下蹲,或双腿叉开而坐。

3. 敬人

(1) 护理服务人员举止要礼让敬人,表现出对他人的尊重、友好和善意。

(2) 在护理服务过程中应事先告知护理对象,征得其同意。

(3) 切忌自以为是、自视清高、轻视护理对象或其家属,任何失敬于人的行为都是缺乏修养的表现。

4. 稳重

(1) 护理服务人员在工作中不能因个人情绪对护理对象大呼小叫或缄口无言。

(2) 行走时应稳重、自然、轻盈,推车平稳,开关门轻,各项操作准确、轻快,给护理对象以安全、优雅、轻松、细致、灵巧的感受。

(3) 不要在护理对象面前大声言语或说笑,不要表现出惊慌失措的样子,也不要举止浮夸。

四、护理语言礼仪要求

1. 语言文字通俗易懂

(1) 护理服务人员应选用护理对象易懂的语言文字,用词要朴实、准确、明晰且口语化。跟老年人说话时应使用简洁的短句,音量适中。

(2) 避免使用护理对象不理解的专业术语或省略语。

2. 语义准确

(1) 用语言表达事物时，含义要准确，以便准确传递信息。

(2) 与护理对象沟通时，切忌故意用模糊性、容易引发歧义的语句。

3. 发音清晰

(1) 护理服务人员应讲普通话，发音要清晰，使护理对象可以听得清、听得懂。

(2) 护理服务人员要注意训练自己的发音，同时也要尽可能熟悉当地方言。

4. 语法规范

(1) 语言要符合语法要求，不能随意省略或颠倒。

(2) 注意语法的系统性和逻辑性，应把一件事的开始、经过、变化、结果说明白，不能杂乱无章或颠三倒四。

5. 语速适当

(1) 与护理对象交谈时，语速不能太快，以免影响表达的清晰度和有效性。

(2) 说话时停顿不宜过久。

第四章　护理服务人员的自我照护

养老机构的护理服务工作体力消耗大、心理压力大，因此护理服务人员本身也是一个需要被关怀和照护的群体。

除了倡导养老机构、家庭以及全社会给予护理服务人员关心和支持外，护理服务人员自身也应具有自我照护的理念并掌握相应的方法。

第一节　对自己身体的照护

一、巧用力学原理

目前我国的护理服务人员总体年龄偏大，多为40岁以上。在日常照护工作中，尤其是在护理失能或半失能老年人时，护理服务人员经常需要搀扶、抬起或抱起老年人，这给他们的身体带来很大的负担。日本社会养老服务行业的一项调查显示，在长期从事照料护理服务工作的护理人员（或家属）中，大约有80%的人出现过腰痛症状。[①] 如果护理服务人员没有接受过专业的训练，只是使用“蛮力”，不仅容易因用力不当而腰腿痛，有时还会发生安全事故。

在护理中巧用人体力学原理，有助于护理服务人员更加省力、更加安全地进行操作，预防腰痛等职业损伤，也能使被护理的老年人减少恐惧感。建立在人体力学原理基础上的护理技术在日本的养老机构中已得到广泛应用。

1. 人体力学照护技术

简单地说，人体力学照护技术是把力学原理应用于人的身体结构及其平衡性，协调护理主体（护理服务人员）与护理对象（老年人）双方的姿势和动作，以最小的力量实现最佳的护理效果。

2. 应用人体力学的基本原则

（1）扩大支撑身体的基底面积。所谓基底面积，是指人张开双脚时占据的面积。一般而言，基底面积越大，越有助于保持身体平衡；基底面积越小，给人体特别是腰部带来的负担就越大。如图4-1所示，B图的基底面积大于A图，稳定性较好；C图是向前后方张开双脚，所以它的前后稳定性更好。

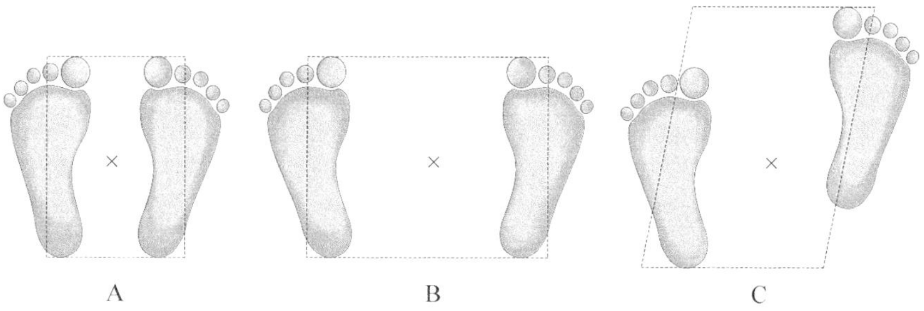

图4-1　支撑身体的基底面积

① 蔡林海：《居家养老基础知识与照料护理技术实用指南》，上海科技教育出版社2013年版，第82页。

(2) 降低重心。一般而言,人在站立时的重心大约位于身高的 55%处。[①] 重心越低,稳定性越好(见图 4－2)。双脚张开、膝盖弯曲、腰部下沉的姿势既能扩大基底面积,又能降低重心,是一个安全、稳定的护理姿势。

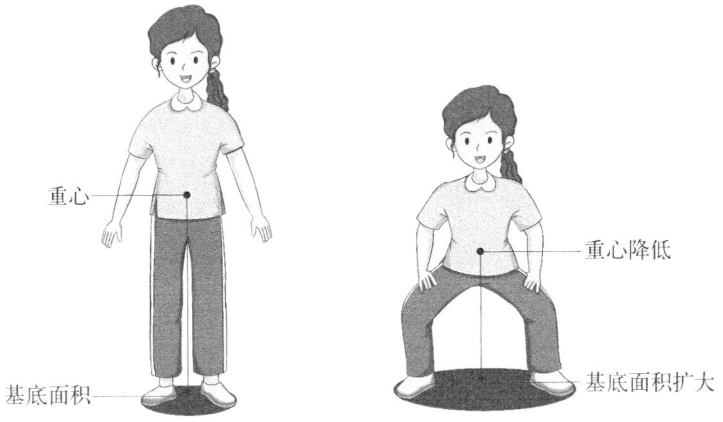

图 4－2　重心位置

(3) 缩短与护理对象的距离。缩短与护理对象的距离,可以使护理服务人员与护理对象的重心相互靠近,这样便于护理服务人员将力量有效地传递给护理对象,并且更加安全,可降低跌倒的风险。

(4) 平稳移动重心。在护理服务中,护理服务人员应尽量减少护理对象重心的上下移动,可向水平方向移动。例如,利用移位板将老年人平移到推车上,比利用抬起、放下的方式将老年人转移到推车上要轻松。当不得不上下移动老年人时,护理服务人员应避免使用前倾姿势,否则会因重量集中在腰部位置而引起腰痛。护理服务人员有时不仅要用上肢、腰部的力量移动护理对象,还要利用膝盖的屈伸进行移动。实施护理时,护理服务人员还要注意脚尖朝向动作方向,避免通过身体扭转完成操作,否

① 蔡林海:《居家养老基础知识与照料护理技术实用指南》,上海科技教育出版社 2013 年版,第 83 页。

则容易导致腰部、膝部扭伤和疼痛。

(5) 缩小护理对象的身体面积。护理老年人时，让老年人蜷缩手脚，将肢体靠近躯干，以缩小身体面积，这样有助于护理服务人员操作时接近重心，节省力气。老年人身体蜷缩后，身体与床铺的接触面积变小，摩擦力也会减小，除省力之外还能降低发生压疮的风险。缩小身体面积常用的姿势有如下几种：① 双手手腕在胸前交叉，双手放在对侧肩部；② 肘部成直角，双手于胸前互抱，手放在对侧肘部；③ 小腿与床面垂直，膝盖抬高。

(6) 运用杠杆原理。护理服务人员可将护理对象身体的某一部位作为支点，运用杠杆原理，在较小的负担下进行护理操作。例如，帮助卧床老年人起床时，可以将老年人的臀部作为支点，用较小的力即可帮助老年人起身。老年人由仰卧转换为侧卧时，可采取抬膝垂腿的姿势，护理服务人员扶住老年人的膝盖和肩膀来转动老年人的身体(见图 4-3)。

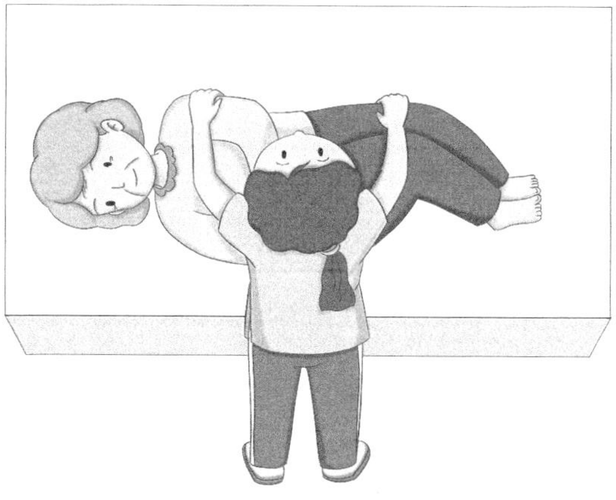

图 4-3　以身体某一部位为支点

(7) 使用较大的肌肉群。护理服务人员应尽可能使用上臂肌肉、腹肌、背部肌肉、大腿肌肉等多个大肌肉群协同发力进行护理操作。仅使用手腕或上臂不仅力量有限、容易损伤肌肉，还可能让护理对象感觉不安全。

(8) 最大限度地利用护理对象的残存能力。护理服务人员应耐心地协助、训练护理对象利用其残存能力做力所能及的事。例如,护理服务人员可以让偏瘫的老年人尝试用健肢完成简单的穿脱衣任务;可以选择合适的辅具协助老年人自己进食、站立、如厕等。这样做的目的是训练老年人的日常生活能力,以延缓机能衰退,提升老年人的自我价值感。

二、保持健康的生活方式

1. 避免过劳

护理服务人员应起居规律,注意休息,避免过度劳累。当体力较好时,反应速度、注意力、精神和心理状况也会更好,有助于护理服务工作顺利、安全地进行,也能够减少体力劳动引起的损伤。此外,护理服务人员还要避免工作中长时间维持一个姿势,单一的或长时间不变动的姿势容易导致肌肉劳损。

2. 健康饮食

护理服务人员工作强度较大,应保证足够的蛋白质、维生素、矿物质等营养元素的摄入和适当热量的摄入,以增强体质,提高免疫力。均衡饮食、合理营养、不嗜烟酒是护理服务人员维持自身健康的需要,同时掌握膳食营养知识也有助于护理服务人员发现护理对象的饮食和营养问题。日常生活中要食用新鲜、卫生的食物,注意食品安全问题,预防食物中毒。

3. 适量运动

适当的体育运动可以促进血液循环,使身体筋骨强健有力。护理服务人员可根据个人情况,选择适合自己的运动形式,如舒缓减压的传统健身功法,活跃兴奋的有氧运动、球类活动等。工作中经常需要搬动护理对象的护理服务人员可加强腰背部、腿部等力量的训练,如采用飞燕式训练(见图 4 - 4)强化腰部肌肉,预防腰背损伤。

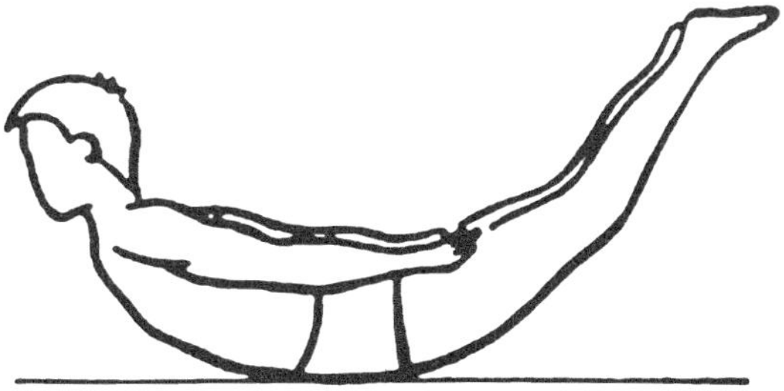

图 4-4　飞燕式训练

4. 适当着装

护理服务人员应穿合脚的低跟防滑软底鞋，避免在护理工作中出现滑倒、绊倒；衣着应合体，便于活动，不要过长、过宽，否则容易导致钩挂、踩绊；避免穿过于紧身、暴露的衣服，否则可能会引发某些认知功能不全的老年人的不当行为。

三、注意环境安全

1. 确保工作环境安全

工作环境应照明良好，各类家具、扶手、辅具功能良好，地面平整、防滑且无杂物。

2. 预防呼吸道感染

老年人是呼吸道疾病易感人群。护理患呼吸道感染疾病的老年人时，护理服务人员应佩戴口罩，勤通风、洗手、更衣，并加强自我防护。流感高发季节或呼吸道传染疾病流行时，护理服务人员要特别注意避免外来人员将病毒带入养老机构，引起群聚性感染。必要时养老机构应对外来人员、家属探视进行控制，加强检测。

3. 防范人为伤害

患认知障碍等精神疾病的老年人容易出现情绪波动、幻觉等症状，也容易出现骂人、打人、破坏物品等行为。照护中若发现老年人有对抗情绪、激越行为，护理服务人员应暂停手上的工作，对老年人进行安抚，避免激怒他们，待他们情绪稳定后再做护理，必要时请医护人员、管理人员介入。此类老年人周围不要放置刀剪、热水瓶、金属制品等容易自伤或伤人的物品。此外，与老年人或其家属发生纠纷、冲突时，护理服务人员要保持冷静、适当回避，避免与对方争吵或发生肢体冲突。养老机构应制订相关应急预案和处理流程。

四、提高专业技能

护理服务人员要不断学习行业先进经验，提升护理操作技能，运用护理辅具、信息化设备等优化护理技术与方法，在满足老年人护理服务需求的同时，使自己的工作更加轻松、便捷、高效。

第二节　对自己心理的照护

除了体力上的巨大付出外，护理服务人员还经常承受着由多方面因素引起的心理压力。例如，面对老年人的衰弱、疾病和死亡，容易产生消极、无力的情绪；工作风险较高，容易导致思想高度紧张；部分老年人性格敏感多疑、固执孤僻，有些家属态度傲慢、挑剔，护理服务人员有时需要委曲求全；有认知障碍的老年人的异常情绪和行为导致工作难度和压力加大；工作时间较长，对家庭的照顾力不从心；社会地位、收入水平较低，辛苦工作得不到足够的尊重和认同；等等。以下列出了一些护理服务人员可采取的缓解和应对压力的方法。

一、正确认识死亡

生老病死是不可抗拒的自然规律，没有死亡，生命就是不完整的。护理服务人员了解死亡的医学过程，有助于缓解面对老年人死亡时产生的恐惧心理。在老年人生前给予其足够的支持、关怀，是给老年人的“最好的礼物”，生命的尊严和质量比生命的长度更为重要。护理服务人员建立这样的认识，有助于减轻面对老年人患病、死亡时产生的失落感。

二、加强与护理对象家属的交流

面对老年人的疾病、失能，其家属也承受着很大的压力，替老年人担忧、生活节奏被打乱、经济负担加重等种种原因常常使他们处于紧张、焦虑的状态，加上对医疗、护理工作可能存在过高的期待，碰到问题时容易产生急躁和埋怨情绪。护理服务人员应注意多与老年人的家属交流，使其了解老年人的生活情况及机构的照护措施，建立互信关系，争取家属的参与和配合，遇事时尽量体谅家属的难处，给家属以真诚的帮助。

三、争取家人的支持

护理服务人员应安排好家庭生活，增进与家庭成员之间的交流，营造和睦的家庭氛围，向家人介绍养老护理工作的意义以及自己的奉献和收获，如怎样服务、帮助老年人，获得老年人的喜爱和依赖，以争取家庭成员的理解与支持。

四、加强自我认同

虽然目前养老护理工作在社会上的职业认同度不高，但它是一项非常有意义且体现专业性和人文关怀的工作，既能替护理对象的子女尽孝，又能为政府分忧。在社会需求强烈和政府高度重视的背景下，养老护理的社会价值一定会被更多人认可。护理服务人员不能妄自菲薄，而应加强学习，通过职业培训、行业交流、学历提升等方式不断提高自己的服务水平和综合素质，准备好迎接行业发展带来的机会和挑战。

五、提高沟通技巧

良好的沟通不仅能更好地传递和获得信息，而且能加深人与人之间的了解，帮助人们建立和谐的人际关系和情感联系。护理服务人员应该学习与老年人、老年人家属、同事、领导等不同人群沟通的方法和技巧，了解基本的心理学知识，善于倾听和欣赏，以积极的心态进行沟通和交流。

沟通中有一条“黄金法则”，即将心比心。但这种从自身出发的、无差别的沟通方式，对于与自己个性、需求、愿望相差很大的人来说，可能就是不合适的。他们更适合用“白金法则”，即了解他人，以对方希望的方式而不是以自己认为对的方式对待他们。这种尊重个性、以人为本的沟通方式对护理服务人员提出了更高的要求。

美国一位诗人说过：人们可能会忘记你说的内容，忘记你所做的事情，但他们不会忘记你给他们带来的感受。不论采取什么样的沟通方式，带给老年人被爱和被关心的感受，都是养老护理重要的目标之一。

六、寻求帮助

护理服务人员在工作中如果感到压力过大而自己又无法排解，可与同事、领导等及时沟通，一方面可借鉴他们的应对经验和减压方法，另一方面也可能有机会通过工作安排上的调整，暂时规避过大的压力。护理服务人员在必要时可以向社会工作者寻求专业的评估，或者向心理咨询师寻求帮助。

第二编

制　度

制度作为人们共同遵守的办事规程或行动准则，其目的是使各项工作按计划、按要求达到预设目标。本编主要介绍了养老机构的基础护理、医疗康复护理、心理护理工作的岗位设置、工作职责和考核制度等内容。由于各类养老机构的业务范围、规模、人员情况等各不相同，因此本编仅对部分制度做简要论述，为养老机构提供一定的参考，更多工作制度可参见本套丛书其他分册的相关内容。

第五章　基础护理和有关工作制度

老年人基础护理是指护理服务人员应用生活照护的基础知识和实践技能来满足老年人基本生活和心理上的需要。其主要内容包括运用护理技术为老年人提供饮食、排泄、清洁、活动、睡眠等方面的生活帮助；观察老年人生命体征的变化；协助老年人服药；创造整洁、安静、舒适、方便、有序的日常环境；等等。本章主要对从事基础护理工作的服务人员的岗位职责和有关工作制度进行说明。

第一节　基础护理岗位设置与岗位职责

一、岗位设置

养老机构基础护理涉及的主要岗位包括护理部主任、护理部副主任、护理组长、护理员。在分管院长的领导下,养老机构中的护理部或护理中心通过评估老年人的身体状况,制订并实施相应的个案照护计划,为老年人提供24小时日常照护及精神慰藉等服务,接待老年人或其家属的咨询、来访,协助老年人办理出入院手续,等等。

二、岗位职责

1. 护理部主任岗位职责

(1) 在业务副院长的领导下,负责入住老年人的照护类护理服务工作。

(2) 负责日常护理服务工作安排,制订并组织实施护理计划,定期检查计划落实情况,按时总结汇报。

(3) 负责护理区日常护理质量管理,监督检查护理服务人员执行各类规章制度和技术操作规范的情况[①],加强与医护人员的配合,严防差错和事故的发生。

(4) 负责护理服务人员的培训、考核、工作指导、院内调配。

(5) 组织和配合上级查房,发现问题及时处理。

(6) 接待老年人家属的来访,做好护理服务相关纠纷的调解、应急处置。

(7) 带领团队学习护理服务领域的先进理念和技术,优化工作流程,开拓新的项目,有条件的可进行科研和创新。

(8) 完成机构领导安排的其他工作。

2. 护理部副主任岗位职责

(1) 在护理部主任的领导下开展工作。

(2) 负责接待老年人及其家属的来访,协助老年人办理出入院手续,

① 李传福:《养老机构经营管理实用手册》,上海世界图书出版公司2015年版,第69页。

并做好老年人家属的谈话和探访情况记录。

(3) 负责安排新入住老年人的评估与个案照护计划的制订并配合组织实施，定期检查、总结汇报。

(4) 指导护理服务人员严格执行各项规章制度和技术操作规范，检查监督各项措施的落实情况，严防差错、安全事故等的发生。

(5) 拟订护理服务人员培训计划，并组织护理服务人员的业务学习与考核，做好新入职护理服务人员、实习生的带教工作。

(6) 深入楼面护理服务工作，发现、分析、纠正问题，组织互相检查、学习、交流，提高护理质量。

(7) 积极配合医护人员的工作，配合其调配人员。

(8) 配合护理部主任完成其他工作。

3. 护理组长岗位职责

(1) 在护理部副主任的领导下，负责本区的老年人生活护理、环境卫生、安全巡视工作。

(2) 熟悉老年人的情况，采取个性化、有针对性的护理措施，做好老年人的生活护理、心理慰藉，协助医务人员做好老年人的治疗、康复等工作。

(3) 监督生活分级护理程序与内容、老年人个案护理计划的执行情况。逐位检查老年人的护理服务情况，若需要对老年人实施约束措施(如系安全带、约束带等)，则要报告护理部主任，征得上级和老年人家属同意后，方可执行。

(4) 负责本区护理员的调配工作，安排急症老年人就医。

(5) 组织接班人员进行床边交班，交班时提出下一班值班护理员应注意的各种事项和要求。

(6) 认真做好老年人委托保管财物的管理工作。

(7) 配合组织护理员业务学习。

(8) 完成机构领导安排的其他工作。

4. 护理员岗位职责

(1) 树立以人为本的服务理念，严格遵守养老机构的各项规章制度，严格执行操作程序和技术规范，加强业务学习。

(2) 根据个案护理计划，做好老年人的生活护理，配合其他部门做好老年人疾病的预防、治疗和康复工作，做好交班和各类文书记录工作。

(3) 督促、帮助老年人整理内务，做好老年人个人卫生以及本生活区的卫生工作。

(4) 定时查房，掌握老年人的身心状况。对于危重症老年人要随时巡视，密切观察，发现问题及时汇报、处理。

(5) 经常与老年人交谈，进行健康宣教，并鼓励、支持老年人，做好老年人家属的沟通和接待工作。

(6) 做好防盗、防火、防事故等安全工作。

(7) 完成机构领导安排的其他工作。

第二节　基础护理工作制度

生活护理是养老机构基础护理的主要内容，包括老年人的饮食、排泄、睡眠、清洁照料等。除此之外，基础护理还包括用药照料、体温管理、安全照护等服务。

一、分级护理制度

1. 生活护理等级标准

养老机构的护理服务需要根据老年人的生活自理能力和护理等级来进行规范，实行分级护理、分类管理。对于新入住的老年人，护理服务人员可依照当地或行业生活分级护理标准进行评估，确定生活护理等级。上海市养老机构的等级服务标准是根据老年人的年龄、生活自理程度、身体状况和特殊要求而制定的，分为三级护理、二级护理、一级护理和专门护理。

（1）三级护理标准。生活行为基本能自理、不依赖他人帮助的老年人。

（2）二级护理标准。生活行为依赖扶手、拐杖、轮椅、升降设施等，需要他人帮助的老年人；或者年龄在 80 岁以上的老年人。

（3）一级护理标准。生活行为依赖他人护理的老年人；或者思维功能有轻度障碍的老年人；或者年龄在 90 岁以上的老年人。

（4）专门护理标准。生活行为完全依赖他人护理且需要 24 小时专门护理的老年人；或者思维功能有中度以上障碍的老年人；或者老年人及其家属主动要求提高护理等级，在生活服务方面要求给予特殊照顾。

2. 分级护理的主要内容

分级护理的主要内容是围绕不同护理等级老年人日常生活需求，从个人卫生、饮食起居、居室卫生、医疗康复 4 个方面提出的规范化护理要求。

（1）三级护理。其主要内容包括如下方面：① 早晨督促老年人漱口、洗脸、洗手、梳头，晚上督促老年人洗脸、洗手、洗脚、洗会阴部。② 督促老年人定期剪指（趾）甲、理发剃须、更换衣裤。③ 安排老年人洗澡，每周一两次；夏季气候炎热时，每日洗澡，并督促或帮助老年人每日擦席。④ 为老年人整理床铺、翻晒被褥。⑤ 每月清洗床上用品（床单、枕套、枕巾、被套）一次，保持床单位清洁。⑥ 鼓励老年人到食堂用餐。⑦ 组织老年人参加机构内的各种康复活动。

（2）二级护理。其主要内容包括如下方面：① 早晨帮助老年人漱口、洗脸、洗手、梳头，晚上帮助老年人洗脸、洗手、洗脚、洗会阴部。② 帮助老年人定期剪指（趾）甲、理发剃须。③ 帮助老年人洗澡或擦身，每周一两次；夏季气候炎热时，每日帮助老年人洗澡或擦身，并帮助老年人每日擦席。④ 为老年人整理床铺、翻晒被褥。⑤ 每半个月清洗床上用品（床单、枕套、枕巾、被套）一次，必要时及时更换。⑥ 每周洗涤内衣一次（夏季每日洗），每周洗涤外衣一次。⑦ 搀扶行走不便的老年人去卫生间，防止其摔伤。⑧ 鼓励并帮助老年人到食堂用餐。⑨ 餐具和茶杯严格消毒，老年人的毛巾、脸盆做到经常清洗，便器用后及时倾倒并定时消毒。⑩ 组织老年人参加机构内的各种康复活动。

（3）一级护理。其主要内容包括如下方面：① 早晨为老年人漱口、洗脸、洗手、梳头，晚上为老年人洗脸、洗手、洗脚、洗会阴部。② 经常为老年人洗头、剪指（趾）甲、理发剃须。③ 为老年人做口腔护理清洁和皮肤护理，使其口腔无异味、皮肤无压疮。④ 为老年人洗澡或擦身，每周一两次；夏季气候炎热时，每日为老年人洗澡或擦身，每日为老年人擦席。⑤ 为老年人整理床铺、翻晒被褥。⑥ 每周清洗床上用品（床单、枕套、枕巾、被套）一次，必要时及时更换；被褥、气垫、被单保持清洁、平整、干燥、柔软。⑦ 每周洗涤内衣一次（夏季每日洗），每周洗涤外衣一次，必要时及时更换。⑧ 搀扶行走不便的老年人去卫生间，防止其摔伤。⑨ 视天气情况，每日带老年人到户外活动或接受光照 1～2 小时。⑩ 饭菜、茶水供应到床边，按时喂饭、喂水、喂药。⑪ 餐具和茶杯严格消毒，老年人的毛巾、脸盆做到经常清洗，便器用后及时倾倒并定时消毒。⑫ 对于患有阿尔茨海默病的老年人，要根据情况定时巡视，防止其随意外出或发生意外。⑬ 对于易发生坠床等意外的老年人，应为其提供床栏等保护器具，确保老年人的安全。⑭ 为老年人开展有针对性的个体康复活动。

（4）专门护理。其主要内容包括如下方面：① 早晨为老年人漱口、洗脸、洗手、梳头，晚上为老年人洗脸、洗手、洗脚、洗会阴部。② 经常为老年人洗头、剪指（趾）甲、理发剃须。③ 每日为老年人做口腔护理清洁和皮肤护理，使其口腔无异味、皮肤无压疮；对于长期卧床而不能自主翻身的老年人，定时为其翻身，变换卧位，检查皮肤受压情况，防止压疮发生。④ 做好老年人大小便护理；对于大小便失禁和卧床不起的老年人，做到勤查看、勤换尿布、勤擦洗下身、勤更换衣被，保持老年人身体清洁、无异味。⑤ 为老年人整理床铺、翻晒被褥。⑥ 被褥、气垫、被单保持清洁、平整、干燥、柔软、无碎屑。⑦ 为老年人洗澡或擦身，每周一两次；夏季气候炎热时，每日为老年人洗澡或擦身，每日为老年人擦席。⑧ 搀扶行走不便的老年人去卫生间，防止其摔伤。⑨ 视天气情况，每日带老年人到户外活动或接受光照1～2小时。⑩ 饭菜、茶水供应到床边，按时喂饭、喂水、喂药。⑪ 提供24小时专门护理，确保各项治疗、护理措施的落实。⑫ 细心观察并掌握老年人饮食、起居以及思想情绪、精神状态等情况。⑬ 对于有认知功能障碍的老年人，根据情况定时巡视，防止其随意外出或发生意外。⑭ 餐具和茶杯严格消毒，老年人的毛巾、脸盆做到经常清洗，便器用后及时倾倒并定时消毒。⑮ 对于易发生坠床等意外的老年人，应为其提供床挡等保护器具，确保老年人的安全。⑯ 对于患病的老年人，应严密观察其病情变化，制定有针对性的护理措施，并做好记录，防止并发症的发生。⑰ 为老年人开展有针对性的个体康复活动。

二、护理员工作制度

护理员的工作制度主要包括以下方面：

(1) 遵纪守法，遵守机构各项规章制度。若护理员违反规章制度，机构可视情节轻重给予批评教育、经济处罚甚至辞退。

(2) 护理员由护理部统一调配，服从护理部主任的工作安排，认真履行岗位职责，工作时间不做私活。

(3) 敬老爱老，对老年人态度和蔼，服务到位，工作细致、耐心，言谈举止得体，不得与老年人及其家属发生争吵。

(4) 具有较强的沟通意识，经常与老年人交流谈心，了解老年人的生活习惯，尽量满足老年人的需求，注意保护老年人的隐私。

(5) 树立安全意识，避免工作中出现差错、安全事故；对于工作中存在的问题，要及时向上级主管反映；出现突发事件时根据应急处置流程进行上报和紧急处理。

(6) 若因工作失职、不负责任而损坏公共财物或造成老年人人身伤害、财产损失，给予批评教育；情节严重的，按相关规定给予处罚。

(7) 积极参加机构内部培训，熟悉各项工作制度和流程，不断提升业务能力和服务质量。

三、护理员考核制度

养老机构制定护理员考核制度需要考虑以下内容：

(1) 确定考核项目和内容。养老机构管理层应根据护理员的工作职责、机构希望护理员达到的工作目标，确定主要的考核项目，细化、量化考核内容和指标。

(2) 确定考核形式。例如，可以是定期考核、不定期考核、专项考核相结合，个人考核与团队考核相结合，机构内考核与服务对象的评价相结合，以形成立体式考核体系。

(3) 注重考核结果的应用。考核不仅能检查制度规范的落实情况，还能促进员工积极进取，鼓励先进。因此，考核的结果应通过讲评、沟通等方式及时反馈给部门或个人，以促使其改善工作。考核结果也应与对部门或个人的奖惩相联系，建立激励机制。

由于养老机构规模不一，管理模式和护理员职责分工也有所不同，因而对护理员的考核需要根据机构的具体情况制定相应的制度。以下考核表(见表 5－1)可用来对护理员的日常工作进行总体评价，供养老机构参考。

表 5-1　护理员日常工作考核表

<table>
<tr><th>考核类别</th><th colspan="2">考核内容</th><th>分值</th><th>得分</th><th>备注</th></tr>
<tr><td rowspan="3">劳动纪律（14 分）</td><td colspan="2">1. 遵守劳动纪律，不迟到、不早退、不旷工，不收受老年人及其家属的礼品、礼金</td><td>5</td><td></td><td></td></tr>
<tr><td colspan="2">2. 坚守工作岗位，上班时间不做岗外事，服从工作安排</td><td>5</td><td></td><td></td></tr>
<tr><td colspan="2">3. 自觉执行请假制度，事假提前申请，调休、工休征得负责人同意</td><td>4</td><td></td><td></td></tr>
<tr><td rowspan="4">工作态度（16 分）</td><td colspan="2">1. 对老年人有爱心、耐心，接待老年人及其家属时热情、主动、使用礼貌用语</td><td>6</td><td></td><td></td></tr>
<tr><td colspan="2">2. 仪表整洁大方，按规定着装、佩戴胸牌</td><td>3</td><td></td><td></td></tr>
<tr><td colspan="2">3. 有团队意识，与其他工作人员配合融洽</td><td>4</td><td></td><td></td></tr>
<tr><td colspan="2">4. 积极参加业务学习，提高专业水平</td><td>3</td><td></td><td></td></tr>
<tr><td rowspan="7">工作规范（70 分）</td><td rowspan="3">环境卫生（15 分）</td><td>1. 室内外环境整洁，地面无湿滑</td><td>5</td><td></td><td></td></tr>
<tr><td>2. 室内物品清洁、摆放整齐，房间内无异味</td><td>5</td><td></td><td></td></tr>
<tr><td>3. 床上用品清洁、平整，定期翻晒</td><td>5</td><td></td><td></td></tr>
<tr><td rowspan="4">照护服务（30 分）</td><td>1. 熟悉老年人护理等级和护理项目，了解老年人性格、爱好、家庭情况、病史</td><td>5</td><td></td><td></td></tr>
<tr><td>2. 做好每日巡视工作，及时了解老年人情况，经常与老年人及其家属交流</td><td>5</td><td></td><td></td></tr>
<tr><td>3. 熟悉基础护理知识、护理操作规范</td><td>5</td><td></td><td></td></tr>
<tr><td>4. 耐心、细致地完成各项护理项目，确保老年人身体无异味</td><td>10</td><td></td><td></td></tr>
</table>

续 表

考核类别	考核内容		分值	得分	备注
工作规范（70分）	照护服务（30分）	5. 配合其他部门做好疾病防治、康复、娱乐活动组织等工作	5		
	照护安全（10分）	1. 工作无差错、无事故	5		
		2. 熟悉应急处置流程，落实防火、防盗等各项安全措施	5		
	其他（15分）	1. 认真完成各类表格、记录	5		
		2. 做好各班交接，特殊情况重点交班	5		
		3. 爱护公物，厉行节约，妥善保管老年人的物品	5		

第六章　医疗康复护理和有关工作制度

医疗康复护理主要是指养老机构为老年人提供的专业医疗服务、康复训练等护理。近年来，我国大力倡导养老机构为老年人提供医养结合的养老服务，医疗康复护理正日渐被养老机构所重视。

本章主要对医疗康复护理相关岗位人员的职责和有关工作制度进行说明。

第一节　医疗康复护理岗位设置与岗位职责

一、岗位设置

养老机构的医疗康复中心或医疗康复部在业务副院长的直接领导下，负责老年人常见疾病的治疗和护理、日常发药和用药指导、急救、安宁疗护等专业医疗服务，以及康复计划制订、康复训练指导等。岗位包括医疗康复部主任、专职医生、护士长、护士、康复治疗师等。

二、岗位职责

1. 医疗康复部主任岗位职责

（1）在医疗康复部业务副院长的领导下，带领专业医护人员做好医疗护理、康复等服务。

（2）负责拟订本部门的工作计划并组织实施，做好各方协调工作，确保部门工作正常运行。

（3）做好部门内人员分工、业务学习、员工考核等工作。

（4）做好员工教育工作，了解员工的思想动态，督促员工遵守各项制度和纪律。

（5）对业务工作质量进行监督检查，防范各类安全事故的发生，抓好卫生防疫和机构内感染控制等工作。

（6）负责部门医疗设施设备的管理。

（7）完成机构领导安排的其他工作。

2. 专职医生岗位职责

（1）认真执行各项规章制度和技术操作规范，负责入住老年人的健康管理和日常医疗保健工作。

（2）做好老年人入住信息记录和病程记录，为需要治疗的老年人开具医嘱。各种医疗文件书写应符合规定的要求。

（3）按时查房，查房时仔细询问和检查，密切观察老年人病情的变化，随访治疗效果；急诊随叫随到，及时处理。

（4）做好交接班工作，认真完成交班记录。

（5）加强与老年人的沟通交流，尊重老年人对医疗方案的选择，做好关于医疗方案的解释、健康宣教和生活指导等工作。

（6）安排落实老年人因病外出就诊相关事宜。

（7）做好老年人年度体检工作。

（8）积极参加业务学习、交流，更新专业知识和理念，提高专业水平。

（9）完成部门领导安排的其他工作。

3. 护士长岗位职责

（1）在医疗康复部主任的领导下，根据机构护理工作质量标准、工作计划以及本部门情况制订护理计划并组织实施①。

（2）监督、指导护士工作，确保其严格执行护理操作规范；检查有关规章制度的落实情况，严防护理差错和事故的发生；若发生事故，则要及时对事故进行调查、分析、上报和处理。

（3）排班并统计每月工作量，负责护士工作调配，发放护士站所需物品。

（4）负责药品的供应和管理，加强对精神药品、急救药品和贵重药物的管理。

（5）听取老年人的意见，了解其护理需求和对护理工作的满意度。

（6）不断学习先进护理经验，提高专业水平和管理水平，组织护士进行业务学习，抓好护理质量。

（7）做好护士与医生、康复治疗师、护理员之间的协调工作。

（8）完成部门领导安排的其他工作。

4. 护士岗位职责

（1）在护士长的领导下进行工作，严格执行各项护理制度和技术操作规范，认真查对、执行医嘱，防止护理差错、事故的发生。

（2）认真做好日常护理、药物发放等工作，做好抢救物品、药品的准备和保管工作。

（3）做好治疗室、输液室等处的清洁卫生和消毒工作。

① 李传福：《养老机构经营管理实用手册》，上海世界图书出版公司 2015 年版，第 266 页。

(4) 做好值班、交接班工作，认真完成相关文书的书写。

(5) 协助护理员开展各区域老年人的护理工作，对老年人进行健康教育和生活指导。

(6) 认真参加与工作有关的学习、培训，提升业务能力和沟通能力。

(7) 完成护士长安排的其他工作。

5. 康复治疗师岗位职责

(1) 在医疗康复部主任的领导下，负责对老年人进行功能评估，制订老年人的康复目标和康复计划。

(2) 对各类老年人实施对症康复治疗，指导老年人进行康复训练，及时做好相关记录；做好日常查房，每月对老年人进行一次综合评估。

(3) 指导老年人进行健身运动，如太极拳、健身操等，指导老年人开展多种形式的作业治疗。

(4) 上级主管查房时，详细汇报老年人的病情和康复治疗情况，与老年人的床位医生、护士、护理员协同做好老年人的康复、护理工作。

(5) 做好与老年人的沟通工作，征求老年人对康复护理的意见，引导老年人积极参加康复训练和康复活动。

(6) 协助护理员开展各区域老年人的康复活动，指导护理员对老年人进行康复护理。

(7) 做好康复训练场地和设备器材的准备工作。

(8) 完成部门领导安排的其他工作。

第二节　医疗康复护理工作制度

一、医生工作制度

1. 基本工作制度

(1) 认真做好入住老年人的健康监护、日常医疗保健、急救工作。

(2) 做好病史采集、查体、各类医疗文书书写、病程记录等常规工作。

(3) 向老年人及其家属进行保健、治疗相关宣教，做好病情告知、签字工作。

(4) 配合有关人员做好老年人的生活照护、心理护理、康复护理、安宁疗护、营养膳食等工作。

(5) 为老年人建立健康档案，做好老年人年度体检工作。

(6) 严守各项制度和操作规范，避免医疗差错和事故的发生。

2. 值班与交接班工作制度

(1) 值班医生必须坚守岗位、履行职责，夜间必须在值班室留宿，不得擅自离开。

(2) 按时交接班，交班时巡视居室。对于病重的老年人，要做好床边交班，并做好交班记录。

(3) 护理员报告老年人有异常情况需要诊察时，应立即前往询问和检查，给予相应处理并做好记录。

(4) 遇疑难问题、纠纷、事故应及时上报上级医师、主管领导。

3. 查房制度

(1) 每日查房两次，了解老年人的一般情况和治疗效果，重点巡视新入住、重病老年人，紧急情况随叫随到。

(2) 根据老年人病情的变化及时进行检查、化验，分析检查结果，调整治疗措施，做好重症患者交班工作。

(3) 规范用药，正确开具长期或临时医嘱。

(4) 主动征求患病老年人对医疗、护理、康复、生活照护等方面的意见。

二、护士工作制度

护士工作制度如下：

(1) 参加晨会,做好各班交接工作并认真记录,重点患者、新入住老年人床头交班。

(2) 做好责任区患病老年人巡视工作,发现异常情况及时报告床位医生。

(3) 执行当天医嘱,测量老年人生命体征,发药、注射做到“三查七对”;对静脉输液的老年人,每小时巡视观察一次并记录滴速。

(4) 做好新入住老年人的接待登记、出院转院老年人的手续办理及有关文书工作。

(5) 做好各类导管消毒、护理工作。

(6) 整理、消毒用具,保持治疗室、输液室整洁。

(7) 清点、补充急救药品,保证抢救设备处于备用状态。

(8) 接待老年人家属送药,注意药品有效期,详细登记药品名称、数量。

(9) 主动与老年人沟通,进行健康宣教,了解老年人的需求。

三、康复治疗师工作制度

康复治疗师工作制度如下:

(1) 及时做好老年人的收诊、治疗、查房、随访工作。

(2) 在一周内对新入住老年人进行全面体检和生活能力的观察与评估,综合护理、临床、康复评估结果,为老年人制订合理、个性化的康复计划。

(3) 对老年人实施康复治疗和训练,做好有关记录和文书工作。

(4) 定期对老年人进行康复评估,一般每月一次,观察康复效果,根据康复情况及时调整康复方案,在这一过程中听取老年人的意见。

(5) 对老年人进行与康复相关的宣教,使其能积极参与康复训练,循序渐进,持之以恒。

(6) 按照严格的操作规范指导老年人进行康复训练,杜绝安全事故发生。

（7）做好康复训练前的场地、设备准备，负责康复器械和设施的检查，使其处于正常使用状态。

（8）合理使用现有的康复设备资源，必要时提出康复设备购置申请。

第三节　医疗康复护理考核制度

一、医生考核标准

医生日常工作考核标准如表 6－1 所示。

表 6－1　医生日常工作考核表

<table>
<tr><th>考核类别</th><th colspan="2">考 核 内 容</th><th>分值</th><th>得分</th><th>备　注</th></tr>
<tr><td rowspan="3">劳动纪律（14 分）</td><td colspan="2">1. 遵守劳动纪律，不迟到、不早退、不旷工</td><td>5</td><td></td><td></td></tr>
<tr><td colspan="2">2. 坚守工作岗位，上班时间不做岗外事，服从工作安排</td><td>5</td><td></td><td></td></tr>
<tr><td colspan="2">3. 自觉执行请假制度，事假提前申请，调休、公休征得负责人同意</td><td>4</td><td></td><td></td></tr>
<tr><td rowspan="4">工作态度（16 分）</td><td colspan="2">1. 经常与老年人沟通，接待老年人及其家属时热情、主动、使用礼貌用语</td><td>6</td><td></td><td></td></tr>
<tr><td colspan="2">2. 仪表整洁大方，按规定着装、佩戴胸牌</td><td>3</td><td></td><td></td></tr>
<tr><td colspan="2">3. 有团队意识，与其他工作人员配合融洽</td><td>4</td><td></td><td></td></tr>
<tr><td colspan="2">4. 积极参加业务学习，提高专业水平</td><td>3</td><td></td><td></td></tr>
<tr><td rowspan="2">工作规范（70 分）</td><td rowspan="2">病史（20 分）</td><td>1. 新入住老年人健康档案须在 24 小时内完成</td><td>5</td><td></td><td></td></tr>
<tr><td>2. 病史书写规范，语句通顺，分析有理有据，无涂改</td><td>5</td><td></td><td></td></tr>
</table>

续　表

考核类别	考核内容		分值	得分	备　注
工作规范（70分）	病史（20分）	3. 病程记录：专业护理对象半个月一次，自理对象一个月一次，情况变化随时记录，转院、返院、会诊、家属谈话要有记录	5		
		4. 出院小结填写完整，不漏项	5		
	查房（20分）	1. 每日查房两次，细致耐心，及时了解老年人的情况	5		
		2. 具备良好的专业能力，熟悉相关操作规范和应急处置流程，工作无差错	6		
		3. 病例讨论或上级医生查房时认真准备，做好汇报和记录	4		
		4. 诊疗方案恰当，能根据情况及时调整	5		
	医嘱处方（15分）	1. 医嘱和处方开具规范、项目齐全	5		
		2. 用药剂型、规格、剂量、用法规范	5		
		3. 随访医嘱执行情况和效果	5		
	值班、交接班（15分）	1. 夜间值班须在值班室留宿，护理服务人员邀请查看老年人情况时，应及时前往诊视	5		
		2. 妥善处理值班中的临时医疗情况，及时记录，做好解释工作	6		
		3. 做好各班交接，特殊情况重点交班	4		

二、护士考核标准

护士日常工作考核标准如表 6－2 所示。

表 6－2　护士日常工作考核表

<table>
<tr><th>考核类别</th><th colspan="2">考 核 内 容</th><th>分值</th><th>得分</th><th>备　注</th></tr>
<tr><td rowspan="3">劳动纪律（15 分）</td><td colspan="2">1. 遵守劳动纪律，不迟到、不早退、不旷工</td><td>5</td><td></td><td></td></tr>
<tr><td colspan="2">2. 坚守工作岗位，上班时间不做岗外事，服从工作安排</td><td>5</td><td></td><td></td></tr>
<tr><td colspan="2">3. 自觉执行请假制度，事假提前申请，服从工作安排</td><td>5</td><td></td><td></td></tr>
<tr><td rowspan="4">工作态度（20 分）</td><td colspan="2">1. 经常与老年人沟通，接待老年人及其家属时热情、主动、使用礼貌用语</td><td>6</td><td></td><td></td></tr>
<tr><td colspan="2">2. 仪表整洁大方，按规定着装、佩戴胸牌</td><td>4</td><td></td><td></td></tr>
<tr><td colspan="2">3. 有团队意识，与其他工作人员配合融洽</td><td>5</td><td></td><td></td></tr>
<tr><td colspan="2">4. 积极参加业务学习，提高专业水平</td><td>5</td><td></td><td></td></tr>
<tr><td rowspan="5">工作规范（65 分）</td><td rowspan="2">文书（10 分）</td><td>1. 护理文件书写及时、规范，语句通顺，重点突出，分析得当</td><td>6</td><td></td><td></td></tr>
<tr><td>2. 文书、表单字迹清晰、端正，无错别字、无涂改</td><td>4</td><td></td><td></td></tr>
<tr><td rowspan="3">医嘱执行（15 分）</td><td>1. 正确执行医嘱，无护理差错</td><td>5</td><td></td><td></td></tr>
<tr><td>2. 规范管理、发放药物，注意药物使用时的不良反应</td><td>5</td><td></td><td></td></tr>
<tr><td>3. 做好危重症老年人的生命体征观察和护理</td><td>5</td><td></td><td></td></tr>
</table>

续 表

考核类别	考核内容		分值	得分	备注
工作规范（65分）	查房值班（15分）	1. 做好巡视查房工作，及时了解老年人的情况变化	5		
		2. 做好各班交接，特殊情况重点交班，及时记录	5		
		3. 熟悉常用护理设备的使用方法，确保抢救设备处于备用状态	5		
	业务规范（15分）	1. 熟悉护理操作规范和制度流程	10		
		2. 认真执行机构内感染管理要求，落实护理安全管理措施	5		
	其他（10分）	1. 关爱老年人，做好老年人的心理慰藉和健康宣教工作	5		
		2. 认真完成领导安排的其他工作	5		

三、康复治疗师考核标准

康复治疗师日常工作考核标准如表6-3所示。

表6-3 康复治疗师日常工作考核表

考核类别	考核内容	分值	得分	备注
劳动纪律（14分）	1. 遵守劳动纪律，不迟到、不早退、不旷工	5		
	2. 坚守工作岗位，上班时间不做岗外事，服从工作安排	5		
	3. 自觉执行请假制度，事假提前申请，调休、工休征得负责人同意	4		

续　表

考核类别	考 核 内 容	分值	得分	备　注
工作态度（16分）	1. 经常与老年人沟通，接待老年人及其家属时热情、主动、使用礼貌用语	6		
	2. 仪表整洁大方，按规定着装、佩戴胸牌	3		
	3. 有团队意识，与其他工作人员配合融洽	4		
	4. 积极参加业务学习，提高专业水平	3		
工作规范（70分）	1. 认真做好老年人功能评估和康复方案制订，体现专业性	10		
	2. 耐心指导老年人进行康复训练，操作规范	10		
	3. 对老年人的康复内容和效果及时记录并做好评估，按需调整训练内容和强度	10		
	4. 对老年人进行与康复训练相关的宣教，调动老年人参与的积极性	5		
	5. 做好康复训练区环境、器械设备的准备工作	10		
	6. 注意康复训练安全，做好有关防护和应急处置，无事故、差错发生	10		
	7. 及时做好老年人的收诊、治疗、查房、随访工作	10		
	8. 指导护理服务人员做好相关康复护理工作、组织康复活动	5		

第七章　心理护理和有关工作制度

心理护理是伴随着现代护理理念的形成和新型护理模式的建立而得到广泛重视与应用的。心理护理是针对护理对象现存或潜在的心理问题、心理需求和心理状态，运用心理学理论和技术，帮助护理对象解决心理问题，满足护理对象心理需求，改变护理对象不良的心理状态和行为，促进护理对象康复或维护其健康状态的护理过程。

本章主要对养老机构中从事心理护理的心理咨询师、社会工作者的岗位职责和有关工作制度进行说明。

第一节　心理护理岗位设置与岗位职责

一、岗位设置

养老机构的心理护理服务工作主要由心理咨询师和社会工作者承

担，部分工作内容也需要医生、护士和护理服务人员协助完成。

二、岗位职责

1. 心理咨询师岗位职责

（1）熟练掌握与心理咨询、心理治疗有关的专业知识，了解老年人心理特点和常见心理问题。

（2）坚持保密原则，对老年人的有关资料、档案予以保密。

（3）对有需要的老年人进行心理评估，从老年人及其家属等信息源获取老年人心理问题、心理障碍的资料。

（4）对老年人做出心理诊断，制订心理治疗计划并指导实施，做好有关记录。

（5）在心理咨询中发现老年人有精神障碍或躯体疾病时，应及时请求医生会诊或协助老年人转住其他专科医院。

（6）定期进行咨询案例研讨与分享，指导其他医护、照护人员对老年人进行心理护理。

（7）在心理咨询或心理治疗过程中，若发现老年人有危害自身或他人安全的行为倾向，则应立即采取必要的措施，防止意外发生。

（8）与老年人保持客观的咨询和治疗关系，若关系超越了这种客观界限，则应中止咨询或治疗。

（9）完成领导安排的其他工作。

2. 社会工作者岗位职责

（1）制订年度社会工作者服务计划，做好个案服务、小组服务等心理辅导工作，并做好有关记录。

（2）认真做好老年人的活动管理工作，组织开展有益于老年人身心健康的活动，根据入住老年人的特点组建兴趣小组并组织日常活动。

（3）参与安宁疗护，做好终末期老年人及其家属的心理支持服务。

(4) 耐心倾听老年人及其家属的心声，运用心理学的基本技能和方法，给予他们安慰、支持和帮助，舒缓他们的情绪。

(5) 时常了解并关心老年人的生活、疾病、心理等情况，配合其他相关人员做好老年人心理护理工作。

(6) 在活动中注意观察老年人的情况，保护老年人的安全，积极协调处理老年人间的矛盾。

(7) 整合、协调社会资源，做好志愿者服务的对接和指导工作。

(8) 完成领导安排的其他工作。

第二节　心理护理工作制度

一、心理咨询师工作制度

(1) 心理咨询师必须持证上岗，必须接受过系统的心理健康教育专业培训，能为老年人提供个别化的心理辅导。

(2) 遵守劳动纪律，按时到岗、到位。

(3) 遵循“尊重理解、真诚保密、助人自助”的辅导原则，认真做好老年人的接待工作，保护好老年人的隐私。

(4) 分析问题时做到客观、仔细、耐心。

(5) 做好咨询记录，及时整理老年人的材料，并做好分析总结和归档工作。

(6) 遇到有严重心理问题或精神障碍的老年人，应将其转介至专业医疗机构就医。

(7) 若发现老年人有危害自身或他人安全的情况，则应立即进行危机干预，采取必要的措施，防止意外事件的发生，必要时上报上级主管部门。

二、社会工作者工作制度

(1) 具有社会工作者职业资格，具有良好的道德品质和专业知识，遵守各项规章制度和劳动纪律。

(2) 遵循以人为本、助人自助的理念，采用个案工作、小组工作等形式为老年人提供服务。

(3) 主动、耐心地与老年人交流，与他们建立互相信任的工作关系。

(4) 动态地了解老年人的需求，为老年人及其家属提供必要的帮助。

(5) 对新入住的老年人进行探访，帮助其熟悉和适应新环境，融入集体生活。

(6) 处理和协调老年人的人际关系问题，帮助老年人之间、老年人与工作人员之间、老年人与家属之间保持良好的关系。

(7) 保护老年人的隐私，结案后封存档案。

(8) 与心理咨询师、护理服务人员等配合，做好老年人情绪疏导工作和相关危机干预工作。

(9) 根据不同老年人的情况，设计活动日程表，组织开展丰富多样的康乐活动。活动开展之前上报活动计划，活动结束后及时完成活动评估。

(10) 注意老年人在活动中的安全与情绪问题，进行必要的危机干预，必要时转介至专业心理咨询人员或医疗机构。

(11) 协助机构组织员工活动，为机构工作人员提供心理疏导、减压等支持服务。

第三节　心理护理考核制度

一、心理咨询师考核标准

心理咨询师日常工作考核标准如表 7－1 所示。

表 7－1　心理咨询师日常工作考核表

考核类别	考核内容	分值	得分	备注
劳动纪律（10 分）	1. 遵守劳动纪律，按时到岗、到位	5		
	2. 自觉执行请假制度，事假提前申请，服从工作安排	5		
工作态度（15 分）	1. 仪表整洁大方，接待老年人及其家属时热情、主动、使用礼貌用语	5		
	2. 有团队意识，与其他工作人员配合融洽	5		
	3. 积极参加业务学习，提高专业水平	5		
工作规范（75 分）	1. 认真做好老年人的接待和咨询工作，及时做好咨询记录	10		
	2. 分析问题时做到客观、仔细、耐心，体现专业性	10		
	3. 保护老年人的隐私	10		
	4. 做好老年人材料的整理、归档，以便分析、总结及日后备查	10		
	5. 遇到有严重心理问题或精神障碍的老年人，应将其转介至专业医疗机构就医	5		
	6. 若发现老年人有危害自身或他人安全的情况，则应立即进行危机干预，防止意外事件的发生	10		
	7. 组织开展心理健康方面的讲座、活动	10		
	8. 指导护理服务人员做好有关心理护理工作	10		

二、社会工作者考核标准

社会工作者日常工作考核标准如表 7－2 所示。

表 7－2　社会工作者日常工作考核表

考核类别	考核内容	分值	得分	备　注
劳动纪律（10 分）	1. 遵守劳动纪律，按时到岗、到位	5		
	2. 自觉执行请假制度，事假提前申请，服从工作安排	5		
工作态度（15 分）	1. 仪表整洁大方，接待老年人及其家属时热情、主动、使用礼貌用语	5		
	2. 有团队意识，与其他工作人员配合融洽	5		
	3. 积极参加业务学习，提高专业水平	5		
工作规范（75 分）	1. 灵活运用个案工作、小组工作等专业工作方法为老年人提供服务	10		
	2. 做好各类社会工作服务计划和记录，做好资料整理和归档	10		
	3. 主动与老年人或其家属沟通，听取意见，协助解决问题，帮助新入住老年人适应环境	10		
	4. 根据不同老年人的情况，设计并组织开展形式多样的康乐活动	10		
	5. 保护老年人的隐私，加强老年人安全防护	10		
	6. 引导老年人参与社交等各类活动，协调老年人的人际关系	5		
	7. 做好严重情绪或心理问题的危机干预，必要时转介至专业心理咨询人员或医疗机构	5		

续 表

考核类别	考 核 内 容	分值	得分	备 注
工作规范（75分）	8. 协助机构组织员工活动，为机构工作人员提供心理支持，链接社会资源	5		
	9. 做好志愿者的招募以及活动的组织与指导工作	5		
	10. 完成领导交代的其他工作	5		

第三编

实　务

养老机构护理质量和安全水平的提升离不开专业、规范的护理操作。本编从基础护理、医疗护理、康复护理三个方面，对老年护理过程中护理服务人员应掌握的常用服务项目的目的、护理要求、操作步骤和注意事项等进行阐述，同时也介绍了老年人常见的心理问题和精神障碍性疾病以及相应的护理措施。

第八章　基 础 护 理

基础护理主要是指基本生活照护类的护理服务，内容涉及护理对象的清洁卫生、饮食、排泄、体位移动等。它是养老机构中护理服务人员需要掌握的基本知识和技能。

本章选取的基础护理项目参照了上海市长期护理保险服务中涵盖的基本生活照料部分的内容，可为养老机构中的长期护理工作提供指导。

第一节　面部清洁与头发梳理

一、定义

面部清洁与头发梳理是满足护理对象日常清洁和仪态整理的需

要,保持护理对象的面部皮肤干净、舒适,促进其血液循环的护理操作。

二、目的

面部清洁的目的是帮助老年人去除面部的汗渍、油脂等,促进血液循环,提升老年人的舒适感和满足感。梳理头发的目的是去除老年人脱落的头发、头屑,给头皮适度刺激,帮助老年人整理日常仪态,提升其美感和舒适度。

三、护理要求

(1) 尊重老年人的意愿,评估老年人的身体状况。

(2) 态度和善,有耐心。

(3) 操作得当,体现专业性:① 面部清洁顺序正确;② 水温及用力适宜,防止损伤老年人皮肤或使老年人产生疼痛感和不适感;③ 注意清洁的全面性,即颜面部干净,口角、耳后、颈部无污垢,鼻、眼部无分泌物;④ 用具定期消毒。

四、操作步骤

1. 面部清洁操作步骤

(1) 评估老年人的身体状况,判断是否可以进行面部清洁与头发梳理工作。

(2) 准备脸盆、毛巾、热水瓶(内盛40~45℃温水)、润肤霜、棉签等物品,并将其放在老年人床边不易被打翻的位置。

(3) 向老年人说明操作目的与操作内容,征得老年人同意与合作。

(4) 帮助老年人取舒适的坐位或仰卧位。

(5) 将水温调至老年人可接受的适宜温度，将毛巾浸泡后拧干绕在手掌上，轻轻地擦拭老年人的面部，擦拭顺序为内眼角—外眼角—额部—鼻翼—面颊—下颌—耳—颈部。

(6) 眼角、耳道、耳郭等褶皱较多部位重点擦拭。

(7) 清洗完毕后，用干毛巾将老年人脸部擦干，并涂适量润肤霜，防止老年人皮肤干燥。

(8) 帮助老年人调整到舒适体位，询问老年人是否有不适感。

(9) 若老年人无不适，则整理、清洗用具，结束本次操作。

2. 头发梳理操作步骤

(1) 帮助老年人取坐位或仰卧位。

(2) 将干毛巾围在老年人肩上(仰卧位老年人可将毛巾铺于枕巾上)。

(3) 将老年人头发散开。

(4) 一只手压住老年人的发根，另一只手用梳子梳理头发至整齐。头发较长者可以分段梳理，先梳理靠近发梢的一段，梳理整齐后再从发根梳理至发梢。[①] 老年人处于仰卧位时，从发梢开始慢慢梳，观察有无头皮损伤或其他情况，之后用适当力度梳理老年人的头发，先梳理一侧，再梳理另一侧。

(5) 梳理完毕后将脱落的头发包裹在毛巾中撤下。

(6) 整理老年人的衣服、床铺，清洗用具，结束本次操作。

五、操作流程图

(1) 面部清洁操作流程如图 8－1 所示。

(2) 头发梳理操作流程如图 8－2 所示。

① 中国就业培训技术指导中心、人力资源和社会保障部社会保障能力建设中心：《养老护理员(初级)》，中国劳动社会保障出版社 2013 年版，第 78 页。

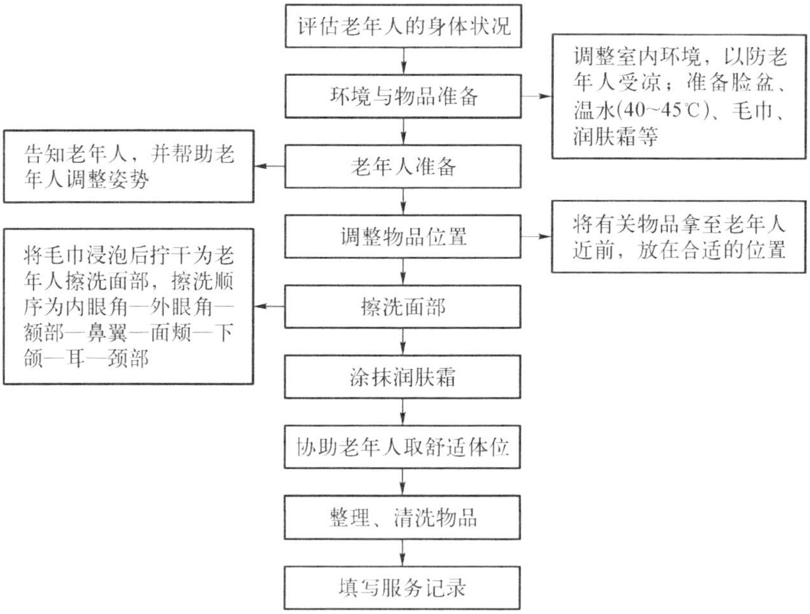

图 8－1　面部清洁操作流程

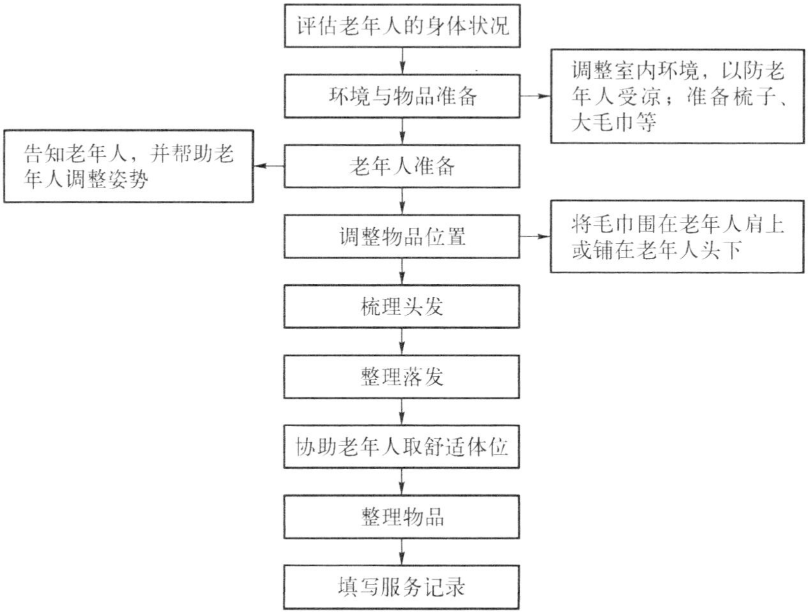

图 8－2　头发梳理操作流程

六、注意事项

1. 面部清洁注意事项

(1) 注意擦拭顺序(详见面部清洁操作步骤)。

(2) 眼部清洁。若老年人眼内有分泌物,可用棉签蘸温水擦拭,或者将湿润的纱布敷在老年人的眼睛上,待分泌物软化后再擦除。

(3) 耳朵清洁。若耳垢干硬不易清除,可用棉签往耳朵里滴 1～2 滴婴儿油,待耳垢变软后再清除。

(4) 鼻腔清洁。若鼻腔分泌物干硬,可用棉签蘸温水或婴儿油将其浸软后再清除。

2. 头发梳理注意事项

(1) 为老年人梳理头发时,动作要轻柔,不可强拉硬拽,以免引起老年人疼痛或造成老年人头发脱落。

(2) 若老年人头发缠绕不易梳理,可涂抹少量酒精使之变得湿润后再小心梳理。①

(3) 宜选择圆钝的梳子,材质以竹制、木质的为好,避免使用易产生静电的塑料梳子。

第二节 洗 发

一、定义

洗发是保持护理对象的头发干净清爽,使护理对象感到舒适的一种护理操作。

① 臧少敏、陈刚:《老年健康照护技术》,北京大学出版社 2013 年版,第 26 页。

二、目的

洗发的目的是帮助老年人去除头皮污垢和头屑，促进老年人头皮血液循环，提升老年人的舒适感，预防头虱病和头皮感染。

三、护理要求

（1）尊重老年人的意愿，评估老年人的身体状况。

（2）态度和善，有耐心。

（3）操作得当，体现专业性：① 洗发应以老年人安全、舒适为主要原则，避免让老年人在空腹状态下或饭后洗发；② 注意室温、水温，洗后擦干或吹干头发，避免老年人受凉；③ 洗发动作要轻快，避免老年人产生疲劳感和不适感，注意观察老年人的身体状况，体质衰弱的老年人不宜洗发；④ 在老年人身体状况允许的情况下，为老年人洗发的频率是每周一两次，夏季或油性头发适当增加频次。

四、操作步骤

1. 床上平卧位洗发操作步骤

（1）确认老年人当前身体状况和头皮的状态可以洗发。若老年人头皮有湿疹，则应根据湿疹情况向医务人员咨询或按皮肤科医生指示进行。

（2）室内温度以 22～26℃为宜，根据季节酌情关闭门窗。

（3）向老年人解释操作内容，征得老年人的同意与合作，询问老年人是否需要排便，必要时为其提供便器。

（4）将洗发盆、毛巾、洗发液、水壶（内盛 38～42℃温水）、热水瓶、污水桶、棉球、纱布、梳子、吹风机、凳子等物品按需备齐，放到老年人床旁安全的位置。

（5）一只手将老年人头部托起，另一只手将枕头撤去，在床头放置简易的床上洗发盆(见图8-3),使老年人后颈部枕在洗发盆凹槽处(若使用普通脸盆,可在盆底放一条毛巾,倒扣一个搪瓷杯,杯子上放折叠的小毛巾和隔水薄膜,代替床上洗发盆),洗发盆排水管下接污水桶。

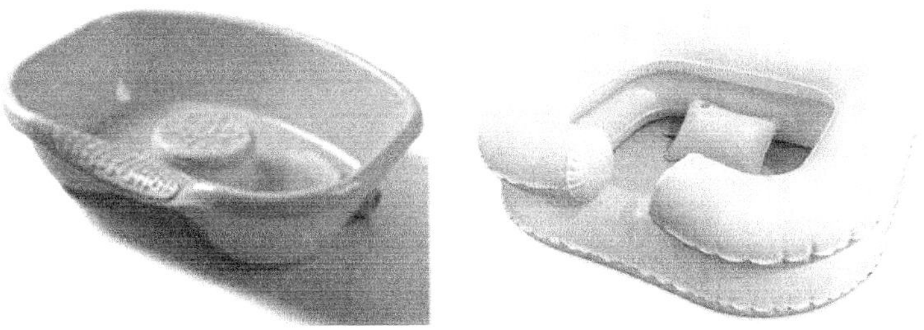

图8-3 床上洗发盆

(6) 解开老年人衣领,在老年人颈部围上毛巾,用棉球塞住老年人双耳,用纱布遮盖老年人双眼。

(7) 松开老年人头发,用温水冲洗头发后涂洗发液,用指腹由发际向头顶部揉搓头皮与头发,力量适中,避免抓伤头皮,然后用清水冲洗干净。

(8) 取下棉球和纱布,用干毛巾包裹老年人头部,撤去洗发盆。

(9) 充分擦干头发,用洗脸毛巾为老年人擦洗脸部和颈部,用吹风机吹干头发并梳理好,协助老年人取舒适卧位。

(10) 观察、询问老年人身体有无不适,若无不适,则整理、清洗用具,结束本次操作。

2. 坐在椅子上洗发操作步骤

利用高度适宜的水池台面,或利用卫生间的水池为老年人洗发。用毛巾将老年人颈部围住,用棉球塞住老年人双耳。老年人身体前倾,低头闭眼,头部位于水盆上方。洗发的顺序与上述床上平卧位洗发相同,叮嘱老年人双手扶稳水盆或水池台面。

3. 用免洗洗发液洗发操作步骤

(1) 在老年人头部下方铺浴巾。

(2) 用热毛巾将老年人头部包住,轻轻按摩,使头发变软,这样易于清洗。

(3) 用免洗洗发液轻揉头发。

(4) 用热毛巾将头发上的污垢擦除,多次擦涂直至擦净。

(5) 用干毛巾将头发擦干,用梳子梳理好头发(必要时可选择使用吹风机吹干头发)。

五、操作流程图

床上平卧位洗发操作流程如图8-4所示,坐在椅子上洗发或用免洗洗发液洗发操作流程也可参考此图。

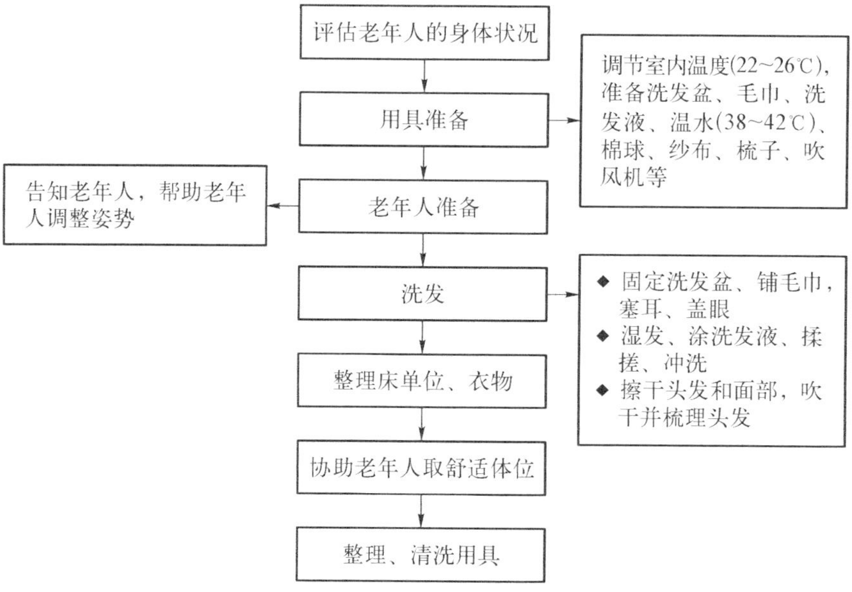

图8-4 洗发操作流程

六、注意事项

(1) 洗发时先将少许温水淋至老年人头部,询问老年人感受,以确定水温。

(2) 洗发过程中随时观察老年人,若其面色、脉搏、呼吸异常,则应立即停止操作，并做相应处理。

(3) 使用吹风机为老年人吹头发时，吹风机应置于距离头发约 30 厘米处，确认热风的温度后再吹头发，避免烫伤老年人。

(4) 洗发时防止水流入老年人的眼睛和耳朵。

(5) 用免洗洗发液洗发虽然操作简单，但效果不如水洗，因此可根据情况选用。①

第三节　指/趾甲护理

一、定义

指/趾甲护理是剪短并修理服务对象过长的指/趾甲，以保持其手/足部清洁、舒适与美观的护理操作。

二、目的

指/趾甲护理的目的是保持老年人手/足部舒适，防止指/趾甲缝积存污垢，避免指/趾甲变形或因嵌甲而引起甲沟炎等。

三、护理要求

(1) 尊重老年人的意愿，评估老年人的身体状况。

(2) 态度和善，有耐心。

(3) 操作得当，体现专业性：① 在沐浴、泡手、泡脚后指/趾甲变软时，再对指/趾甲进行修剪；② 注意指/趾甲的长度，不可过长或过短。

四、操作步骤

(1) 携用具到老年人身旁，必要时调节室内温度，以防老年人受凉。

① 金晓燕：《老年生活照护》，中央广播电视大学出版社 2016 年版，第 11 页。

(2) 向老年人解释操作目的和操作内容,征得老年人同意与合作。

(3) 帮助老年人露出手指或脱去鞋袜露出脚趾。

(4) 在老年人手或脚下垫纸巾,一只手握住老年人手指或脚趾,另一只手持指甲刀逐个将指/趾甲修剪至与指端平齐,修剪结束后再用指甲锉轻磨指/趾甲边缘,使之平滑、无毛刺。

(5) 为老年人手部或足部涂抹润肤霜。

(6) 收集剪下的指/趾甲,包于纸内丢弃。

(7) 整理、清洗用具,整理床单位,结束本次操作。

五、操作流程图

指/趾甲护理操作流程如图 8-5 所示。

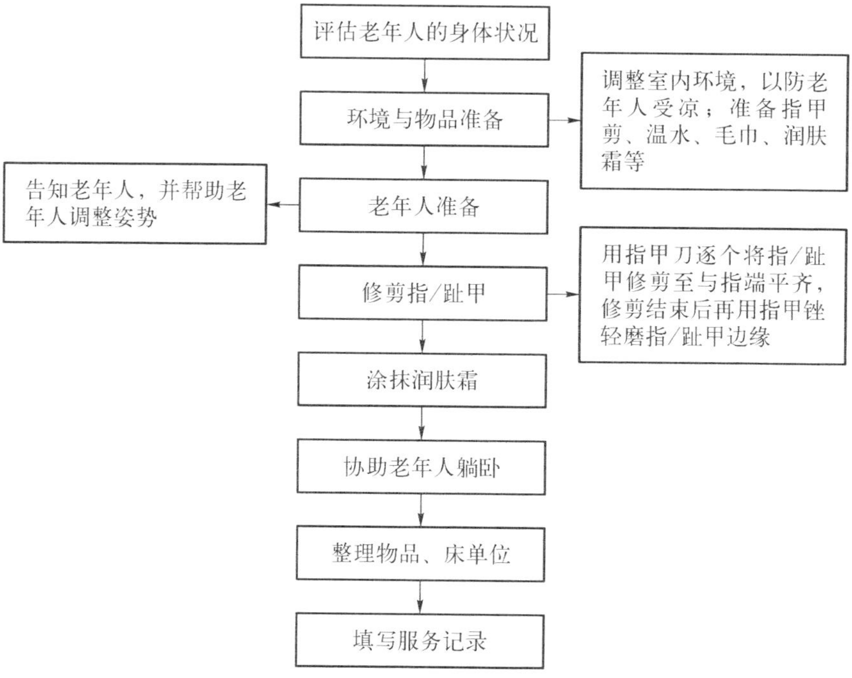

图 8-5 指/趾甲护理操作流程

六、注意事项

（1）保证光线充足，避免误伤老年人。

（2）选择合适的指甲刀，动作轻柔，防止损伤老年人皮肤，指甲刀用后须消毒擦干。

（3）若老年人有灰指甲，则需要专业人士指导处理。

（4）勿将剪下的指/趾甲碎屑遗落在被褥上，以免引起老年人不适。

第四节　手、足部清洁

一、定义

手、足部清洁是保持护理对象手、足部皮肤清洁与舒适，促进皮肤排泄和血液循环的护理操作。

二、目的

手、足部清洁的目的是清除老年人手、足部汗渍与污渍，保持皮肤清洁、干燥，改善手、足部血液循环，预防压疮，放松身体。

三、护理要求

（1）尊重老年人的意愿，评估老年人的身体状况。

（2）态度和善，有耐心。

（3）操作得当，体现专业性：① 手、足分开清洗；② 水温适宜，特别要避免发生烫伤事故；③ 动作轻柔，不可生拉硬拽。

四、操作步骤

（1）向老年人说明操作内容，征得老年人的同意与合作。

(2) 将脸盆或脚盆、热水瓶(内盛 40～45℃温水)、肥皂、毛巾、润肤霜、防水布等物品携至老年人床前。

(3) 帮老年人调整到舒适的坐位、半坐位或仰卧位。

(4) 将温水注入脸盆或脚盆中,毛巾浸泡在水中,脸盆或脚盆放在合适位置。卧床老年人在床上洗脚时,可在其双膝关节下面垫一个枕头,脚下铺防水布,布上放脚盆。

(5) 将老年人手或脚放入温水(38～42℃)中浸泡。

(6) 在水中用少许肥皂轻轻擦拭,手部擦拭顺序为手心—手背—手指—指缝—手腕,足部擦拭顺序为足背—足底—趾缝—踝部。擦拭后换温水清洗,再用毛巾将手部或足部擦干。

(7) 为老年人手部或足部涂上润肤霜,整理、清洗用具,结束本次操作。

五、操作流程图

手、足部清洁操作流程如图 8－6 所示。

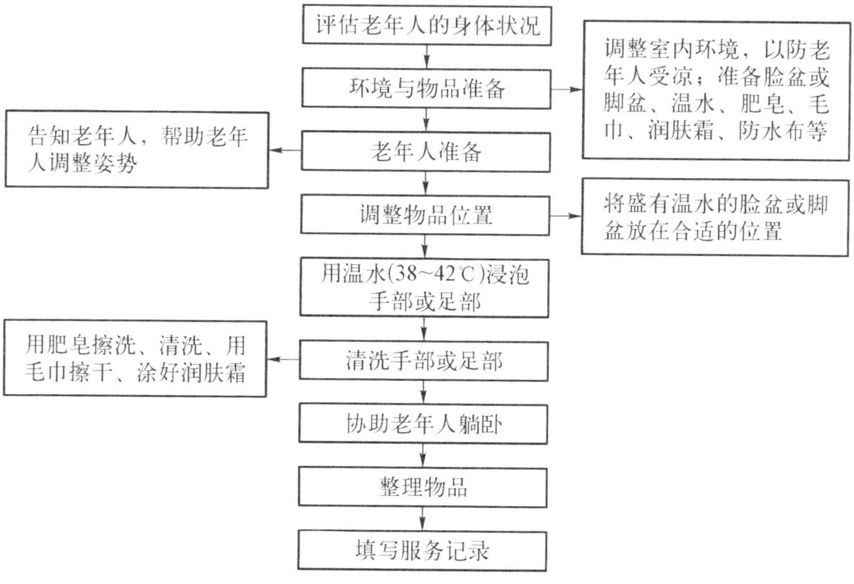

图 8－6　手、足部清洁操作流程

六、注意事项

（1）手、足清洗用具应分开专用，每次用后须清洗，定期消毒。

（2）去除手、足部污垢和角质时，动作应轻柔，注意指/趾缝的清洗。

（3）老年人手部僵直或麻痹时，可将其手放在温水里充分温热后再一个一个地分开手指。

（4）准备温水时先加冷水再加热水，若洗脚时需要中途加热水，则要让老年人的双脚先离开脚盆再加热水，再次确认温度后才能继续为老年人洗脚。

（5）洗脚时，应注意老年人足部温度，观察足部皮肤颜色及有无溃疡、坏疽等。

第五节　擦　　浴

一、定义

擦浴是保持护理对象皮肤清洁、舒适，促进其皮肤排泄与血液循环，避免发生压疮的护理操作。

二、目的

擦浴的目的是帮助不能沐浴的老年人保持皮肤清洁，去除异味，增加老年人的舒适度，维护老年人的形象和自尊，促进其血液循环，观察其皮肤状况。

三、护理要求

（1）尊重老年人的意愿，评估老年人的身体状况。

(2) 态度和善，有耐心。

(3) 操作得当，体现专业性：① 调节房间温度，注意保暖和保护老年人隐私；② 擦浴水温以38～42℃为宜，并根据老年人的喜好和季节调节水温，擦浴的方法和顺序要正确；③ 擦浴过程中适时换水，擦洗脸部与擦洗身体、足部、会阴部的水盆要分开使用，用毕须清洗，定期消毒；④ 擦浴时注意观察老年人的皮肤情况，注意保护伤口和各种管路，擦浴后检查并妥善固定各种管路；⑤ 若老年人身体状况允许，擦浴的频次应为1次/日。

四、操作步骤

(1) 关闭门窗，调节室温，以24～26℃为宜(根据老年人的喜好和季节调节)。

(2) 按需准备水盆3个、毛巾3条、热水瓶(内盛40～45℃温水，擦浴水温以38～42℃为宜)、浴巾、肥皂或浴液、润肤霜、防水布、污水桶、屏风等物品，带老年人到床边，向老年人说明操作内容，征得老年人同意与合作。

(3) 询问老年人是否需要排便，必要时给予其便器。

(4) 协助老年人脱下衣服，为其盖好被子。

(5) 擦拭面部、颈部。擦拭顺序为内眼角—外眼角—额部—鼻翼—面颊—下颌—耳—颈部。

(6) 擦拭手臂。拿出老年人一侧手臂，将浴巾半铺半盖于老年人手臂上，用毛巾由前臂向上臂擦拭，擦净后用浴巾搌干手臂上的水，用被子盖严手臂。用同样的方法擦拭另一侧手臂。

(7) 擦拭胸腹部。将被子向下折叠露出老年人的胸部，用浴巾遮盖其胸部，擦拭前打开浴巾，用毛巾由上向下擦拭胸部及两侧，擦净后用浴巾遮盖并搌干皮肤表面的水；将被子向下折起露出老年人的腹部，用浴巾遮盖其腹部，擦拭前打开浴巾，用毛巾顺时针擦拭腹部和两侧腰部，擦净后用浴巾揾干腹部的水，盖好被子。

(8) 擦拭背臀部。协助老年人翻身侧卧(背向护理服务人员)，将被子折起露出老年人的背臀部，将浴巾铺于背臀下，遮盖背臀部，擦拭前打开浴巾，用毛巾由腰骶部沿脊柱向上擦至肩颈部，再螺旋式向下擦拭背部一侧(用同样的方法擦拭另一侧)；环形擦拭两侧臀部，用浴巾揾干背臀部的水，撤去浴巾，协助老年人平卧。

(9) 擦拭腿部。露出老年人的一条腿，将浴巾半铺半盖在老年人腿上，擦拭时打开浴巾，一只手扶住该侧下肢踝部，使老年人下肢呈屈膝状，用毛巾由小腿向大腿方向擦拭，注意上、下、前、后各个面均要擦拭，擦净后用浴巾揾干水，再用同样的方法擦拭另一条腿。

(10) 清洗足部。更换脚盆，按足部清洁方法，将脚盆放于床上，脚盆下垫浴巾，清洗后擦干双脚，撤去脚盆，盖好被子。

(11) 擦拭会阴部。更换水盆，按会阴护理方法擦拭会阴部(详见本章第十七节)。

(12) 协助老年人穿上干净的衣服，盖好被子。

(13) 若老年人无不适，则整理床铺，收拾并清洗用具，结束本次操作。

五、操作流程图

擦浴操作流程如图 8－7 所示。

六、注意事项

(1) 可根据老年人的皮肤情况，选择使用清水或肥皂、浴液擦拭。

(2) 注意擦净腋窝、腹股沟和女性乳下等皮肤皱褶处。

(3) 注意评估老年人的皮肤状况，如皮肤的完整性(有无破损、皮疹、硬结等)、颜色、温度、弹性等。

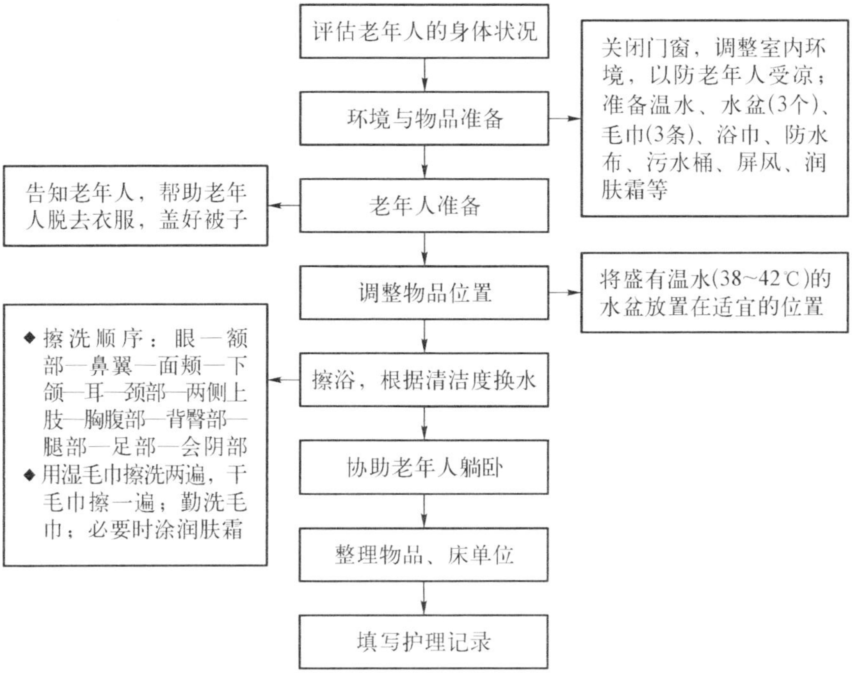

图 8-7　擦浴操作流程

(4) 若老年人手部可以活动，则可请其自行擦拭可触及的部位。

(5) 视清洁程度随时更换清水并调节水温，必要时换床单，为老年人梳理头发等。

(6) 操作时注意遮盖老年人身体露出部位，动作要轻柔，减少翻身，避免老年人受凉，防止老年人坠床。

第六节　沐　　浴

一、定义

沐浴，即洗澡。盆浴与淋浴均为沐浴的方式。盆浴是在浴缸或浴盆中放入水，人泡在水中进行擦洗；淋浴是使用喷头淋湿全身进行冲洗。

二、目的

沐浴的目的是清洁全身，去除污垢和异味，促进血液循环和新陈代谢，提升老年人的舒适感，同时便于观察老年人的皮肤状况。

三、护理要求

(1) 尊重老年人的意愿，评估老年人的身体状况。

(2) 态度和善，有耐心。

(3) 操作得当，体现专业性：① 评估老年人的一般情况，选择合适的沐浴方式(淋浴或盆浴)，老年人身体不适或衰弱时不宜沐浴；② 注意保暖和浴室内通风，避免对流风；③ 水温以 38～42℃为宜，可根据老年人喜好进行适当的调节；④ 沐浴过程中注意观察老年人的身体情况，发现异常情况及时处理，应防止烫伤、跌倒、受凉等事件的发生；⑤ 沐浴后让老年人适当饮水。

四、操作步骤

1. 盆浴操作步骤

(1) 准备好用具(浴盆、毛巾、浴巾、热水、防滑垫、浴液、洗发液、梳子等)和干净的衣服，向老年人解释操作内容，征得老年人同意与合作；检查老年人皮肤情况，询问其是否需要排便。

(2) 关好浴室门窗，调节室内温度(24～26℃)，做好隐蔽措施。

(3) 为老年人脱去衣服，扶老年人进入浴盆坐稳，将防滑垫放入浴盆，嘱咐老年人手握扶手。

(4) 为老年人洗头发，避免水和洗发液流入老年人的眼睛和耳朵内。

(5) 分别用浴液和清水为老年人清洗面部、耳后与颈部，再清洗上肢、胸部、腹部、背臀部，接着清洗双腿、会阴、双脚。

(6) 沐浴时间一般不超过 20 分钟。洗净后扶老年人起身出浴盆，用浴巾包裹老年人的身体，为老年人擦干面部和头发。

(7) 为老年人穿上干净的衣服，帮助老年人回到床上。

(8) 为老年人梳理头发(必要时用吹风机吹干头发)，整理床被，协助老年人盖被休息(老年人有需要时为其修剪指甲)。

(9) 若老年人无不适，则整理、清洗用具，结束本次操作。

2. 淋浴操作步骤

(1) 准备好用具(毛巾、浴凳、浴液、洗发液、梳子等)和干净的衣服，向老年人解释操作内容，征得老年人同意与合作；检查老年人的皮肤情况，询问其是否需要排便。

(2) 调节水温(40℃左右)，扶老年人坐在浴凳或浴椅上。

(3) 沐浴顺序和盆浴相同，时间控制在 20 分钟内，洗净后扶老年人站起，用毛巾为其擦干身体。

(4) 帮助老年人穿好干净的衣服，带领或帮助老年人回到床边或床上。

(5) 为老年人梳理头发(必要时用吹风机吹干头发)，整理床被，协助老年人盖上被子休息(老年人有需要时为其修剪指甲)。

(6) 若老年人无不适，则整理、清洗用具，结束本次操作。

五、操作流程图

沐浴操作流程如图 8－8 所示。

六、注意事项

(1) 沐浴时水温不可过高或过低，调节水温时，先放冷水再放热水，

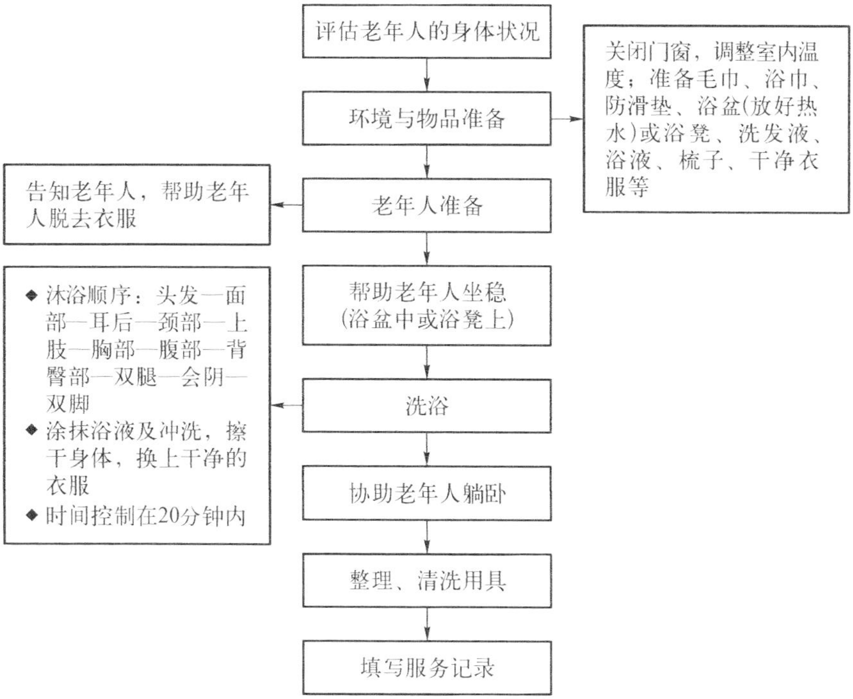

图 8－8　沐浴操作流程

热水要逐渐加入，盆浴的水量不可超过浴盆的 1/2。

(2) 老年人淋浴结束时，护理服务人员应先辅助老年人离开水龙头下方再关闭水龙头，避免造成老年人烫伤。

(3) 沐浴前，应在浴盆与地面放置防滑垫，让老年人穿防滑拖鞋。

(4) 避免让老年人在空腹或饱腹状态下沐浴；沐浴时忌突然蹲下或突然立起，否则容易导致体位性血压变化；沐浴时间不宜过长、水温不宜过高；盆浴时水位不过胸部，否则可能导致老年人出现头晕、胸闷等不适症状，甚至引发心脑血管并发症。

(5) 操作时动作宜轻柔，避免造成老年人皮肤、关节损伤。

第七节　协助进食/水

一、定义

协助进食/水是通过普通经口腔方式或鼻饲管喂食方式，为护理对象提供餐饮、帮助护理对象摄入营养的护理操作。

二、目的

协助老年人进食/水的目的是帮助老年人摄入食物，获取营养，维持身体机能正常运转，增强免疫力。

三、护理要求

（1）尊重老年人的意愿，评估老年人的身体状况。

（2）态度和善，有耐心。

（3）操作得当，体现专业性：① 为老年人提供适宜且富有营养的饮食，根据老年人口味、健康状况为其提供相应的食物，选择适当的进食/水方式；② 保持正确的喂食姿势，并注意喂食速度、老年人进食量和食物的温度；③ 协助老年人进食/水时，要让老年人有充分时间咀嚼、吞咽，防止老年人出现呛咳、噎食。

四、操作步骤

这里主要介绍协助喂食操作步骤，鼻饲操作步骤详见第九章第二节。

（1）喂食前帮助老年人调整舒适的体位，同时向老年人解释操作内容，征得老年人的同意与合作，询问老年人是否需要排便。

（2）洗手，准备餐食、餐具、毛巾等。

(3) 老年人采用坐位进食时，应让其坐在有扶手的椅子上，双足平放在地面上，后背伸直，上身稍前倾，身体贴近桌子。在床上进食时，老年人若能坐稳，则可在床上放置餐桌，给予老年人必要的辅助倚靠(背部靠垫、膝下支撑垫等)；若老年人不能坐稳，则让老年人选用半卧位或侧卧位进食，一般将床头摇高(成 30°～45°角)。忌仰卧进食，以防呛咳。

(4) 喂食前，先测量食物的温度，可用手感知碗的温度。

(5) 在老年人颈部围毛巾，让老年人看见食物或告知老年人食物种类。先喂适量的温水或汤以湿润口腔，再喂小口的固体食物，固体食物和液体食物应交替喂。对于偏瘫老年人，应将食物送入其健侧口腔，鼓励老年人细嚼慢咽。

(6) 进食结束后检查老年人口腔，确保其口中无食物残留，给予其温水漱口；取下老年人胸前的毛巾，擦净其面颊部。对于采用半卧位进食的老年人，应保持床头摇高的体位 30 分钟后，再恢复平卧位。

(7) 若老年人无不适，则整理、清洗用具，结束本次操作。

五、操作流程图

协助老年人进食/水的操作流程如图 8－9 所示。

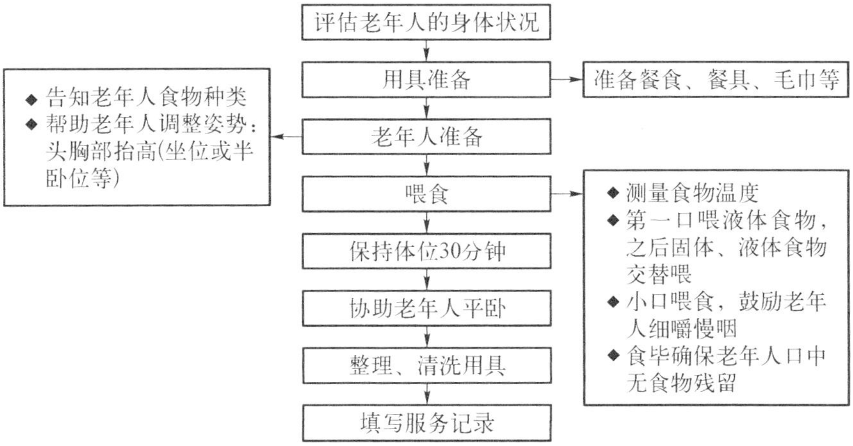

图 8－9　协助老年人进食/水的操作流程

六、注意事项

（1）若有可能，则应鼓励老年人自行用餐，用餐前老年人和护理服务人员须洗手。

（2）协助老年人进食时，护理服务人员位于老年人侧面，由下方将食物/水送入老年人口中，并注意喂食时的速度、总进食量和食物的温度。

（3）对于偏瘫老年人，应将食物送入其健侧口腔；有吞咽困难的老年人不宜食用圆形、黏滑的食物，以免引起窒息，也不宜食用易松散成渣的食物。

第八节　口 腔 清 洁

一、定义

口腔清洁是保持护理对象口腔卫生，去除口腔异味，预防口腔内感染的护理操作。

二、目的

（1）去除口腔内的食物残渣，保持口腔清洁，预防口腔感染及相关并发症。

（2）防止口腔黏膜干燥、破裂，清除口腔异味，增加老年人的食欲，维持口腔正常功能。

（3）观察口腔黏膜和舌苔的变化及特殊的口腔气味，提供病情变化的动态信息，协助疾病的诊断。

三、护理要求

（1）尊重老年人的意愿，评估老年人的身体状况。

（2）态度和善，有耐心。

（3）操作得当，体现专业性：① 鼓励并协助有自理能力或上肢功能良好的老年人采用漱口、自行刷牙的方法清洁口腔；对于不能独自完成的老年人，可用棉棒或棉球为老年人擦拭口腔，擦拭前后必须核对棉棒或棉球的数量。② 有可摘义齿的老年人，应先取下义齿再刷牙或擦拭。③ 若有可能，则应协助或鼓励老年人早晚刷牙，餐后漱口。对于不能自理的老年人，其口腔清洁频次不少于 2 次/日。④ 避免使用刷头过大、刷毛过硬的牙刷，牙刷用完后彻底洗涤，刷头朝上放入杯中，每 3 个月更换 1 次牙刷。⑤ 向老年人说明保持口腔清洁的重要性。

四、操作步骤

1. 刷牙操作步骤

（1）备好用具（牙刷、牙膏、水杯、毛巾、弯盘或污水杯、防水布等），向老年人解释操作内容，征得老年人同意与合作。

（2）对于行动不便的老年人，帮助其坐起，必要时在老年人胸前垫防水布。

（3）指导老年人用竖刷法刷牙：挤适量牙膏，上下牙咬合，刷牙齿外侧面；张口，刷牙齿内侧面；螺旋式刷牙齿咬合面。刷牙时间不少于 3 分钟。

（4）刷毕用杯中的温水认真漱口，漱口水吐至弯盘或污水杯中。

（5）用干毛巾擦净口唇周围，必要时涂润唇膏。

2. 口腔擦洗操作步骤

（1）备好用具（棉棒、漱口水、毛巾、吸管、手电筒、弯盘、纱布等），向老年人解释操作内容，征得老年人同意与合作。

（2）协助老年人取半坐位、侧卧或头偏向一侧（面向护理服务人员），在老年人颈下垫毛巾。

（3）用蘸水棉棒蘸湿老年人的嘴唇，协助老年人用温水漱口，必要时使用吸管。昏迷或有意识障碍的老年人忌漱口。

(4) 借助手电筒检查老年人的口腔情况，如是否清洁，有无出血、溃疡、肿胀等。若老年人有可摘义齿，则用纱布将义齿取下浸泡在冷水杯中。

(5) 用棉棒蘸适量漱口水(常用生理盐水)，依次擦拭老年人口腔各部位，擦拭顺序为先左后右，两侧均为外侧→上内侧→上咬合处→下内侧→下咬合处→颊黏膜。两侧擦拭完成后，再擦拭硬腭、舌面、舌下。擦拭时，每个部位用一根棉棒，棉棒湿度以不滴水为宜，以防老年人将水误吸入呼吸道。

(6) 帮老年人擦净口角、面部，必要时为其涂润唇膏。

(7) 清点棉棒与棉棒头部棉花，避免棉棒头部棉花遗漏在老年人口中。整理用具，结束操作。

五、操作流程图

口腔清洁的操作流程如图 8-10 所示。

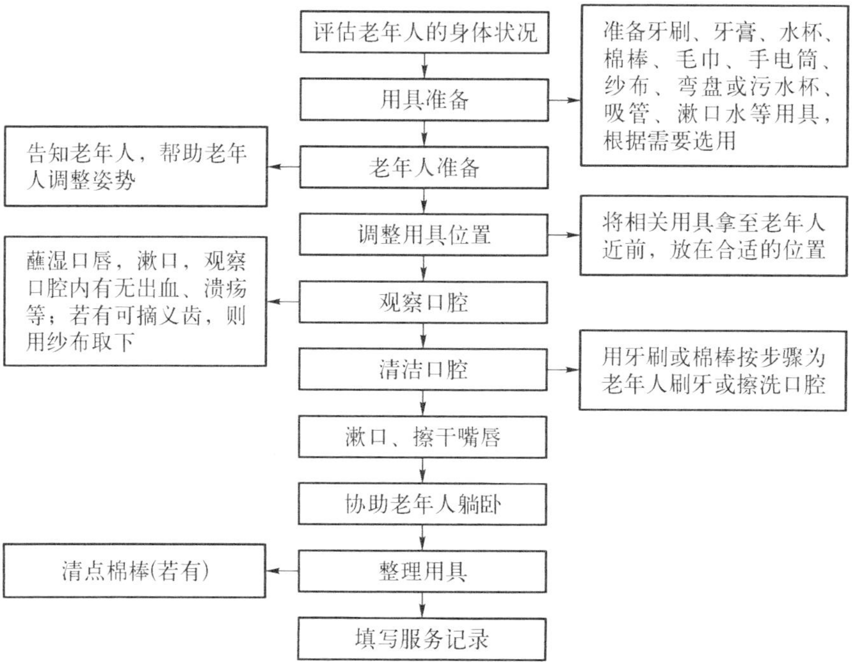

图 8-10　口腔清洁的操作流程

六、注意事项

（1）根据老年人的具体情况选择漱口溶液。

（2）老年人的吞咽能力减弱，口腔中容易残留食物，护理服务人员应让老年人反复多次漱口，使残留在牙间隙、唇颊沟、牙颈部的食物碎屑尽可能得以清除。

（3）对于口中不能储水或有吞咽困难的老年人，漱口时下颌要稍微内收，因为头后仰容易造成呛咳，增加吸入性肺炎的发生率。此外，棉棒蘸水过多也可能导致老年人误吸。

（4）对于昏迷老年人，护理服务人员可从老年人臼齿处放入张口器，然后慢慢撑开，不可强行撬开。

（5）擦拭时动作要轻，特别是对于凝血功能差的老年人，要防止碰伤其口腔黏膜和牙龈。擦拭硬腭和舌面宜取前 1/2 或 1/3 处，避免过深而刺激咽部引发恶心。

第九节　协 助 更 衣

一、定义

协助更衣是指协助自理困难的护理对象更换衣服，以保持清洁卫生，使其感到舒适的护理操作。

二、目的

（1）协助老年人穿脱或更换衣服，使老年人着装整洁、舒适，冷暖适宜，维护老年人形象。

（2）为有一定活动能力的老年人增加物理康复锻炼的机会。

三、护理要求

（1）尊重老年人的意愿，评估老年人的身体状况。

（2）态度和善，有耐心。

（3）操作得当，体现专业性：① 根据老年人的肌力、活动能力、意识以及老年人有无肢体偏瘫、有无伤口或引流管等情况，选择适合的更衣方法；② 保持老年人肢体在功能位范围内活动，防止牵拉受损，防跌倒、坠地；③ 根据老年人的意愿及时更换衣物，必要时随时更换；④ 保护老年人的隐私。

四、操作步骤

（1）向老年人解释操作内容，征得老年人同意与合作。

（2）衣服摆放顺序。按外衣在下、内衣在上的顺序摆放老年人的衣服。

（3）脱衣步骤。

① 开襟衣服的脱衣步骤。护理服务人员应先脱近侧或偏瘫老年人健侧的袖子，再脱远侧或偏瘫老年人患侧的袖子。若老年人卧床，护理服务人员应先解开老年人衣服的纽扣，脱去近侧袖子，然后将脱下的一侧衣服平整地掖于老年人身下，再协助老年人翻身侧卧于近侧，将另一侧衣服脱下。

② 套头衣服的脱衣步骤。护理服务人员应先脱近侧或偏瘫老年人健侧的袖子，再脱另一侧袖子，最后将衣服脱离老年人颈部。

③ 脱裤子的步骤。护理服务人员应先松开老年人的腰带，抬高其臀部，然后将双侧裤子同时向下拉。若老年人不能抬臀，护理服务人员应协助老年人将身体先向左倾后向右倾，分别将老年人抬起部位的裤子拉至臀下，然后协助老年人平卧屈膝，将裤子拉到膝部以下，再脱裤腿。

(4) 穿衣步骤。

① 开襟衣服的穿衣步骤。护理服务人员应先协助老年人穿好一侧袖子,然后让老年人翻身侧卧,将另一侧衣服平整地掖于老年人身下,再协助老年人平卧,从另一侧身下拉出衣服,穿好另一侧袖子,扣好纽扣,整理衣服。护理服务人员也可以将衣服与衣袖展开,横放成"一"字形,一只手托住老年人腰部,另一只手将衣服横穿过老年人腰下,展开衣服,穿好两侧袖子(先穿远侧或偏瘫老年人患侧的袖子),之后手托老年人肩颈部,将衣领提至老年人颈部,扣好纽扣,整理衣服。

② 套头衣服的穿衣步骤。护理服务人员应先帮助老年人两手同时穿入衣袖(或先穿偏瘫老年人患侧的袖子,后穿健侧的袖子),再将衣服套上颈部,向下拉平衣服。必要时,护理服务人员的手可从老年人袖口穿入,拉老年人的手套入袖子。

③ 穿裤子的步骤。护理服务人员应先穿远侧或偏瘫老年人患侧的裤腿,后穿近侧或偏瘫老年人健侧裤腿。护理服务人员一只手从裤腿内伸入裤腰处,轻握老年人脚踝,另一只手将裤腿向老年人大腿方向提拉,再用同样方法穿好另一侧,然后拉住裤腰,将裤子提至老年人臀部,抬高老年人臀部,将裤子向上拉,系好腰带或拉上拉链。

五、操作流程图

协助老年人更衣的操作流程如图 8-11 所示。

六、注意事项

(1) 鼓励老年人在力所能及的范围内自己换衣服。若老年人无法独自完成,则对其不能完成的动作予以协助。老年人能自己完成的动作应鼓励老年人自己完成。

(2) 在为老年人更换衣服时,应使用浴巾等物将老年人露出的部位

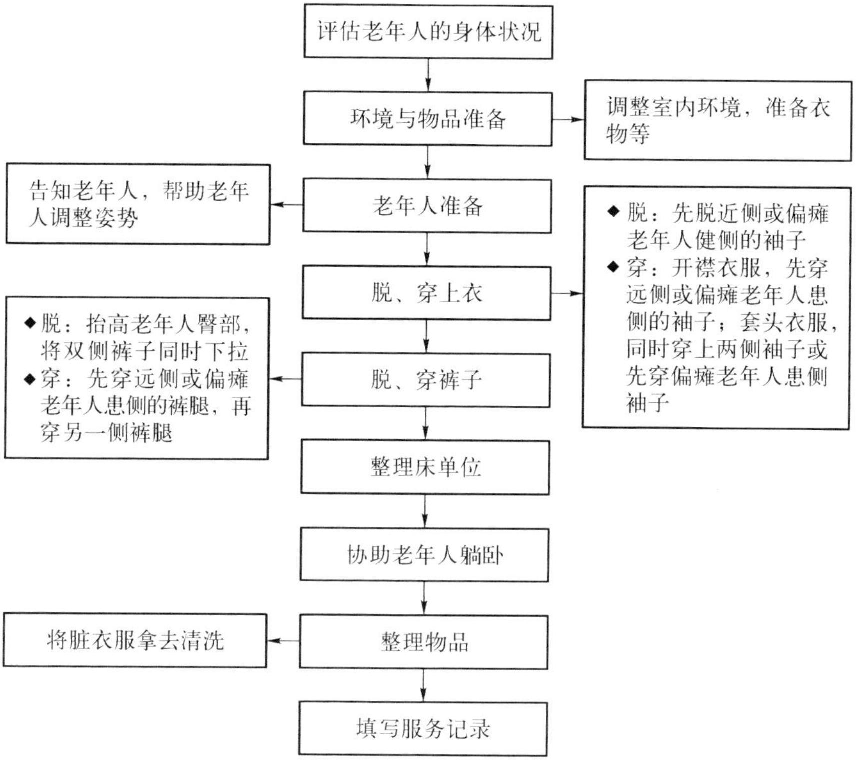

图 8－11　协助老年人更衣的操作流程

尽量盖上，避免老年人感到羞耻或不适。

（3）关闭门窗，注意室温，避免老年人着凉。

第十节　整理床单位

一、定义

整理床单位是指采用适宜的方法，为生活不能自理的护理对象整理枕头、床单、被褥等用品的护理操作。

二、目的

整理床单位的目的是保持老年人的床单位和居室整洁，增强老年人的舒适感和安全感，预防压疮等并发症，为老年人提供良好的居住和休息环境。

三、护理要求

（1）尊重老年人的意愿，评估老年人的身体状况。

（2）态度和善，有耐心。

（3）操作得当，体现专业性：① 床单位应每日擦拭，每周定期更换床单、被套，被褥应经常放至太阳下晾晒，以保持清洁、松软；② 保持床铺的清洁、干燥、平整、柔软，使老年人感到舒适，减少压疮风险；③ 对于大小便失禁的老年人，应随时更换被污染的床单、被套等用品；④ 特别要注意防止操作时卧床老年人坠床。

四、操作步骤

1. 整理床铺操作步骤

（1）关闭门窗，调节室温；备齐床刷、刷套、脸盆、污衣袋等用具，用扫床车将这些用具推至老年人床边。

（2）向老年人解释操作内容，征得老年人同意与合作，按需要协助老年人排便。

（3）移开床旁桌椅，放平床头与床尾，放下近侧床挡，协助老年人向对侧翻身（背向护理服务人员），为老年人盖好被子。

（4）取床刷并套好刷套，轻抬近侧枕头，从床头向床尾纵向刷扫床单，至床中线。每扫一刷要重叠上一刷的 1/3，避免遗漏渣屑。

（5）将近侧床头部位的床单反折于床褥下并压紧，再将床边下垂床单绷紧反折于床褥下，边角成直角。

(6) 协助老年人翻身到近侧(面对护理服务人员),为其盖好被子,拉起近侧床挡,转至对侧并放下床挡,以同样的方法刷扫并铺平床单。

(7) 协助老年人平卧,整理枕头和被子,拉起床挡(必要时)。

(8) 取下刷套放入脸盆中,开窗通风。

若老年人不在床上,则先将被子叠好放在床旁椅子上,再整理床单、刷扫床铺、整理枕头,最后将被子放于床尾,完成整理工作。

2. 更换床单、被套与枕套操作步骤

(1) 更换床单。① 床单、被套、枕套从上到下按顺序放在床尾椅子上,将被子、枕头放在床旁椅子上,松开床尾盖被,协助老年人侧卧(背向护理服务人员);② 从床头到床尾逐渐松开近侧的床单,将床单卷入老年人身下,刷扫近侧床褥(方法同整理床铺的相关内容);③ 取清洁床单,将床单的中线和床的中线对齐,展开近侧床单,将其平铺于床褥上(边角处理方法同整理床铺的相关内容),再将其另一半塞入老年人身下;④ 帮助老年人侧卧于铺好的一边(面向护理服务人员),为其盖好被子,拉好近侧床挡;⑤ 转至对侧,放下床挡,松开原来的污床单,将污床单从床头、床尾向中间卷起,放入污衣袋,刷扫床褥,取下刷套放入脸盆中;⑥ 拉平老年人身下的床单;⑦ 协助老年人平卧在床中央,为其盖好被子。

(2) 更换被套。① 展开被子两侧与被尾,解开污被套开口端的带子,将手伸入被套内把两侧棉胎向中间折,再将棉胎三折后脱出(呈 S 形)置于床尾,污被套仍在老年人身上;② 将清洁被套平铺于污被套上,被头置于老年人颈部,解开清洁被套开口端的带子,将棉胎装入清洁被套,在被套中展开棉胎两侧,系好被套开口端的带子;③ 将撤下的污被套放入污衣袋,为老年人盖好被子。

(3) 更换枕套。① 一只手托起老年人头部,另一只手撤出枕头,将枕芯从枕套中脱出,并将枕套放入污衣袋;② 在床尾部,取清洁枕套,将其内面朝外,将双手伸进枕套内撑开,捏住两个内角,抓住枕芯两角,反转枕套;③ 将更换好的枕头放于老年人头下,枕套开口朝下或背门,为老年人调整舒适卧位,还原床边桌椅位置。

五、操作流程图

整理床铺的操作流程如图 8－12 所示。

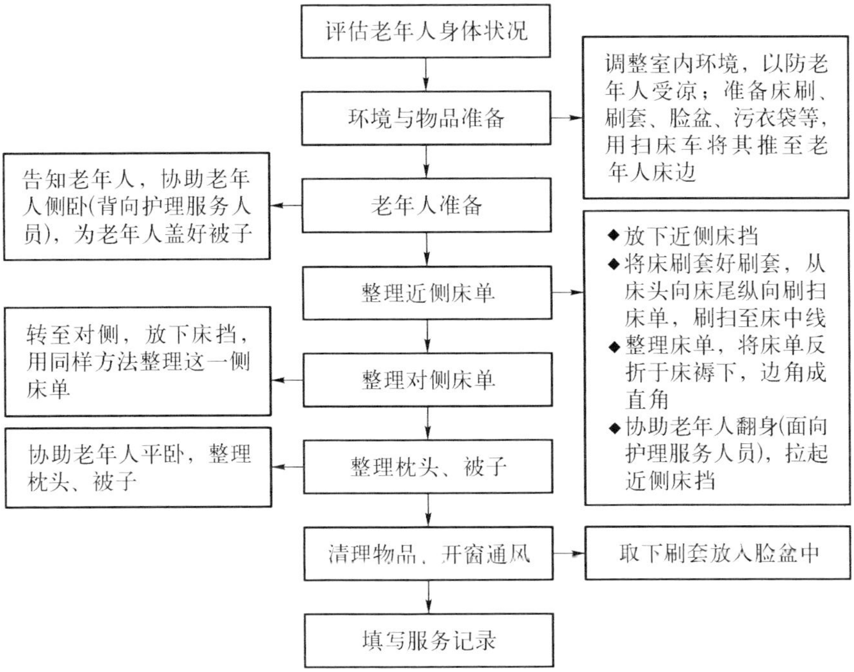

图 8－12　整理床铺的操作流程

六、注意事项

(1) 在整理床单位时,动作宜轻柔,避免碰伤老年人,避免过度扬尘。

(2) 避免老年人吹风着凉,注意保护老年人的隐私。

(3) 整理床铺、更换床单需要老年人侧卧时,注意拉好床挡,避免发生老年人坠床事故。

（4）一床一刷套，不得重复交叉使用。

（5）更换被套时不可遮住老年人口鼻。

第十一节　排泄护理

一、定义

排泄护理是指根据护理对象的病情和生活自理能力，指导或协助护理对象通过合适的方式完成排泄及事后的清洁工作。

二、目的

排泄护理的目的是满足老年人的排泄需求，保持老年人皮肤清洁，预防压疮、尿路感染等疾病，维护老年人的自尊，保证老年人的安全。

三、护理要求

（1）尊重老年人的意愿，评估老年人的身体状况。

（2）态度和善，有耐心。

（3）操作得当，体现专业性：① 对于有能力控制排便的老年人，护理服务人员应适时提醒其如厕；对于行动不便的老年人，护理服务人员应根据具体情况协助其如厕或使用便器、纸尿裤等。② 指导老年人摄取足够的水分，避免憋尿，预防尿路感染；指导老年人摄入富含膳食纤维的食物，养成规律的排便习惯；鼓励有生活自理能力的老年人应适当运动或站立，以促进排便。③ 对于排泄异常的老年人，护理服务人员要观察其二便的性状、颜色、量与频次，并做好记录。④ 借助移动工具（助行器、轮椅等）、与排泄相关的用具（床边坐便椅、马桶扶手、卫洗丽等）来提升老年人排泄的自理能力，减轻老年人在他人帮助下排泄的精神负担。⑤ 保护老年人的隐私。

四、操作步骤

(1) 评估老年人的身体情况及排泄时需要何种程度的照护。

(2) 准备用具，如助行器、轮椅、床边坐便椅、卫生纸等，保持地面干燥、无障碍。

(3) 协助老年人进入卫生间并安全地脱下裤子坐到坐便器上，也可让老年人在床边使用坐便椅。

(4) 协助老年人坐稳（使用扶手或由护理服务人员搀扶），叮嘱其耐心排便、勿过度用力，打开排气扇。

(5) 做好便后清洁工作。若老年人上肢和手部功能良好，护理服务人员应鼓励其自行擦拭会阴部和肛门；若老年人不能自行清洁，护理服务人员应协助其身体前倾，帮助其擦拭会阴部和肛门，擦拭时应从前往后（从尿道口向肛门方向）擦，观察二便情况，冲水。

(6) 协助老年人起身，穿好裤子。对于使用床边坐便椅的老年人，应待其安全回到床上后再清洗坐便器。

(7) 便前便后洗手，卫生间或房间通风换气。

五、操作流程图

排泄护理的操作流程如图 8－13 所示。

六、注意事项

(1) 排泄优先原则，即当老年人在做其他事情或参加活动时，若有便意，则应优先满足其排泄需求。

(2) 老年人在排泄时，可选择增加腹压、容易排泄的姿势，如采用坐位时上身可稍微前倾、脚下垫高等。

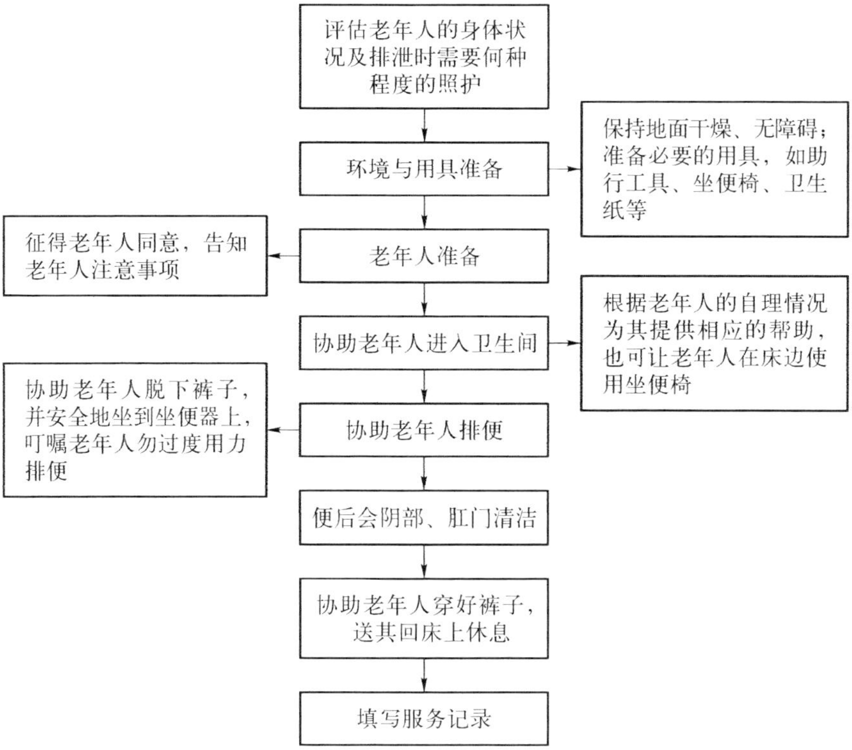

图 8－13　排泄护理的操作流程

(3) 确保老年人坐稳、缓慢起身；地面不能湿滑，防止发生跌倒等意外；避免排便时过度用力引起心脑血管疾病，甚至猝死。

(4) 观察老年人排泄物的性状，有问题及时向医务人员报告。

(5) 适当通风的同时避免对流风。

第十二节　失禁护理

一、定义

失禁护理是帮助大小便失禁的护理对象处理排泄物，保持护理对象局部皮肤清洁，增加护理对象舒适感的护理操作。

二、目的

失禁护理的目的是保持老年人局部皮肤清洁，去除异味，避免局部皮肤、泌尿生殖系统感染及有关并发症的发生，增加老年人舒适感，维护老年人的尊严。

三、护理要求

（1）尊重老年人的意愿，评估老年人的身体状况。

（2）态度和善，有耐心。

（3）操作得当，体现专业性：① 动作轻柔，以免损伤老年人皮肤；② 不可埋怨、歧视失禁老年人，注意保护老年人的自尊和隐私；③ 根据老年人的病情，采取相应的保护措施，如女性可使用尿垫，男性可使用尿套等；④ 鼓励并指导尿失禁老年人进行膀胱功能和盆底肌训练；⑤ 及时处理排泄物，保持床单位清洁、干燥，注意做好老年人局部皮肤的护理。

四、操作步骤

（1）根据老年人的身体状况，选择合适的纸尿裤或尿布罩和纸尿片等（这里以纸尿裤为例介绍失禁护理操作步骤）。

（2）向老年人解释操作内容，征得老年人同意与合作。

（3）准备好纸尿裤、一次性护理垫、污物桶、湿热毛巾、干毛巾、卫生纸等物品。

（4）协助老年人取平卧位，掀开床尾被子，将被子中段折于对侧，呈U形，解开老年人身上纸尿裤的粘扣，将前片从两腿间向后撤。

（5）协助老年人侧卧，将已被污染的纸尿裤内面对折于老年人臀下

(有大便的用卫生纸擦净老年人臀部,撤掉纸尿裤),用湿热毛巾擦拭老年人会阴部和臀部,观察会阴部、臀部皮肤,必要时涂抹药膏(如鞣酸软膏等),将已被污染的纸尿裤放入污物桶。

(6) 更换干净的纸尿裤,粘好粘扣,将大腿内侧的纸尿裤边缘展开,防止排泄物从边缘漏出。

(7) 取下老年人使用过的护理垫,将干净的护理垫的中线与床中线对齐,平铺于老年人臀下。

(8) 协助老年人取舒适体位,若老年人无不适,则整理床单位,清理用物,洗手。

五、操作流程图

失禁护理操作流程如图 8-14 所示。

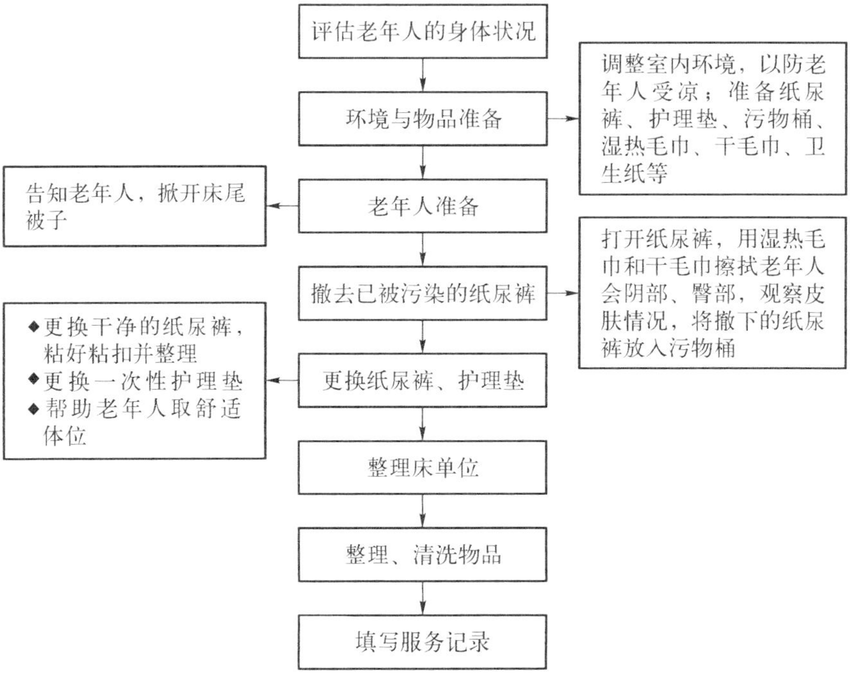

图 8-14　失禁护理操作流程

六、注意事项

(1) 选择合适尺寸的纸尿裤,为老年人穿纸尿裤时不要粘得太紧,以能放入一指为宜。

(2) 若老年人排泄物量多或在夜间排泄,可以将内裤型和平坦型纸尿裤重叠使用,使吸收量增加,防止外漏。

(3) 换完纸尿裤后,将老年人的睡衣、床单拉平。

(4) 避免老年人着凉,注意保护老年人的隐私。

第十三节　床上使用便器

一、定义

床上使用便器是根据护理对象的生活自理能力和活动情况,帮助其在床上使用便器,方便其排泄的护理操作。

二、目的

床上使用便器的目的是帮助不能如厕的老年人在床上解决排泄问题,保持个人和床单位清洁,促进卧床老年人养成定时排便的习惯。

三、护理要求

(1) 尊重老年人的意愿,评估老年人的身体状况。

(2) 态度和善,有耐心。

(3) 操作得当,体现专业性:① 为老年人提供独立、隐蔽、安静的环境,避免增加老年人的心理压力,注意保暖,保护老年人的隐私;② 置入便器时动作要轻柔,避免因硬塞而损伤老年人皮肤;③ 便器使用后及时倾倒,定期消毒;④ 便后观察老年人排泄物性状及尾骶部位的皮肤情况;⑤ 保持床单位清洁、干燥;⑥ 帮助老年人养成定时排便的习惯,如早起或早餐后排便。

四、操作步骤

1. 使用便盆操作步骤

(1) 准备好便盆、一次性护理垫、卫生纸等物品。

(2) 向老年人解释操作内容,征得老年人同意与合作。

(3) 掀开老年人下身盖被,让老年人保持仰卧位,将老年人膝盖弯曲,分开其双腿,这样便于抬起臀部。

(4) 协助老年人抬高臀部,然后一只手托起老年人尾骶部,另一只手将一次性护理垫铺于老年人腰臀下,协助老年人脱下内裤,再次抬臀,放入便盆。臀部不能抬起的老年人,可采用侧卧位放入便盆。便盆的扁平部位置于老年人的腰骶部,窄口朝向老年人足部。

(5) 若护理对象为女性,为了防止尿液飞溅,可在老年人会阴上方盖上卫生纸;若为男性,可使用尿壶。确保老年人膝盖并拢,为其盖上毛巾被或遮挡物,退出房间。

(6) 待老年人排泄完毕,用卫生纸为其擦净肛周皮肤,撤下便盆,用卫生纸盖在便盆上,将便盆放在安全、不易被触碰的地方。必要时用温水清洗、擦拭老年人会阴部和臀部,观察其皮肤情况。

(7) 撤下一次性护理垫,整理好老年人的衣服、被褥,褶皱处应仔细拉平。

(8) 通风换气,观察老年人排泄物的性状后,清理便盆。

2. 使用尿壶操作步骤

(1) 对于有能力握持尿壶把手的老年人,护理服务人员可从被子下面为其递入尿壶后离开。对于需要帮助的男性老年人,待老年人自己将阴茎插入尿壶接尿口后,护理服务人员用手握住壶把手予以固定;阴茎不易插入的，护理服务人员可戴一次性手套协助其插入。

（2）排泄完毕后撤下尿壶，清洁老年人私处，为其盖上被子。

（3）取下一次性护理垫，整理老年人的内衣、睡衣、床单、被子。

（4）通风换气，观察尿液，收拾尿壶及其他物品。

五、操作流程图

使用便盆的操作流程如图 8－15 所示，使用尿壶的操作流程与使用便盆的操作流程类似。

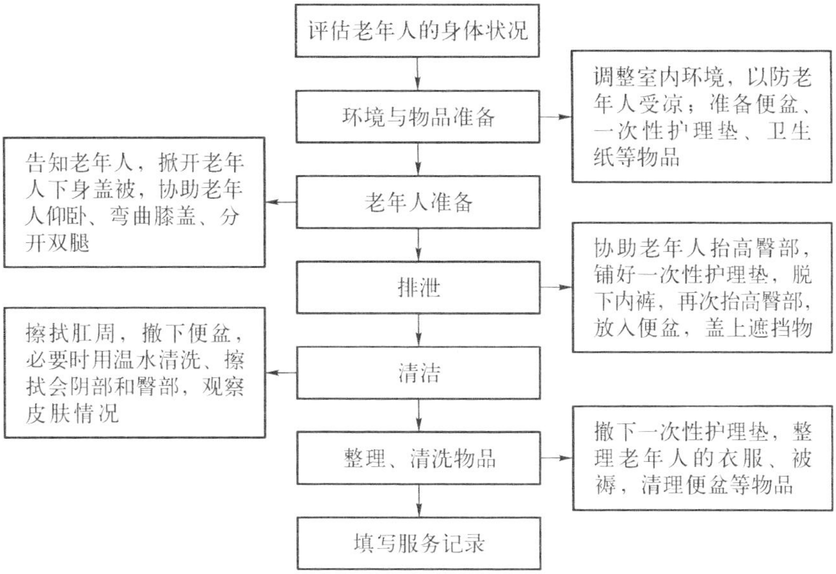

图 8－15　使用便盆的操作流程

六、注意事项

（1）检查便器表面有无破损、裂痕，放入便盆时注意高低方向，切忌动作粗暴，以免损伤老年人皮肤。[①] 冬天便盆直接接触身体会比较凉，可

① 黄琴：《老年护理指南》，学林出版社 2019 年版，第 55 页。

用热水加温或加上便器套。

(2) 为了便于清理或避免污物溅到便盆外,可在便盆里面垫上卫生纸。

(3) 为了保护老年人隐私、保暖及避免臭味渗入被子,可在老年人排泄时使用毛巾被进行遮挡。

(4) 男性排便时,可同时使用便器和尿壶。

(5) 女性排便时,可使用便器或尿壶。若使用尿壶,应将壶口紧贴会阴部,不要让尿壶移位,以免尿液漏出,同时要铺一次性护理垫。

(6) 为老年人做好排便前准备后应退出房间,以免老年人因拘谨而无法正常排便。

第十四节 人 工 取 便

一、定义

人工取便是用手将嵌塞在护理对象直肠内的粪便取出的护理操作。

二、目的

人工取便的目的是帮助身体虚弱无力、有顽固性便秘或粪便嵌塞的老年人排便,改善便秘引起的不适症状,防止老年人过度用力排便而导致心绞痛等心脑血管疾病。

三、护理要求

(1) 尊重老年人的意愿,评估老年人的身体状况。

(2) 态度和善,有耐心。

(3) 操作得当，体现专业性：① 评估老年人的便秘严重程度，以及通便药物使用后的情况和用药反应；② 操作时由浅入深，手法轻柔，注意观察老年人的神志、面色；③ 操作后及时做好老年人的肛周清洁；④ 注意保护老年人的隐私。

四、操作步骤

(1) 准备好一次性手套、一次性护理垫、卫生纸、润滑液(肥皂液或润滑油)、便盆等用具，向老年人解释操作内容，征得老年人同意与合作。

(2) 调节好室温，关闭门窗或用屏风遮挡。

(3) 协助老年人取左侧卧位，将其裤子脱至大腿处，露出臀部，在臀下垫一次性护理垫。

(4) 右手戴手套，左手分开老年人臀部，右手食指涂肥皂液或润滑油润滑后，嘱咐老年人深呼吸以放松腹肌。

(5) 待老年人肛门松弛后，食指沿直肠一侧轻轻插入老年人直肠内，慢慢地由浅入深，将粪便一块一块地掏出放于便盆内。若粪块干硬，可用手指轻轻按摩，碾松粪块。

(6) 取便过程中注意观察老年人的反应，若老年人感到不适，则应立即暂停，休息片刻后继续操作。

(7) 取便完毕后，用温水清洁老年人肛门，再用卫生纸或热毛巾擦干，脱手套，协助老年人穿好裤子。

(8) 若老年人无不适，则整理、清洗用具，按要求做好记录，结束本次操作。

五、操作流程图

人工取便操作流程如图 8－16 所示。

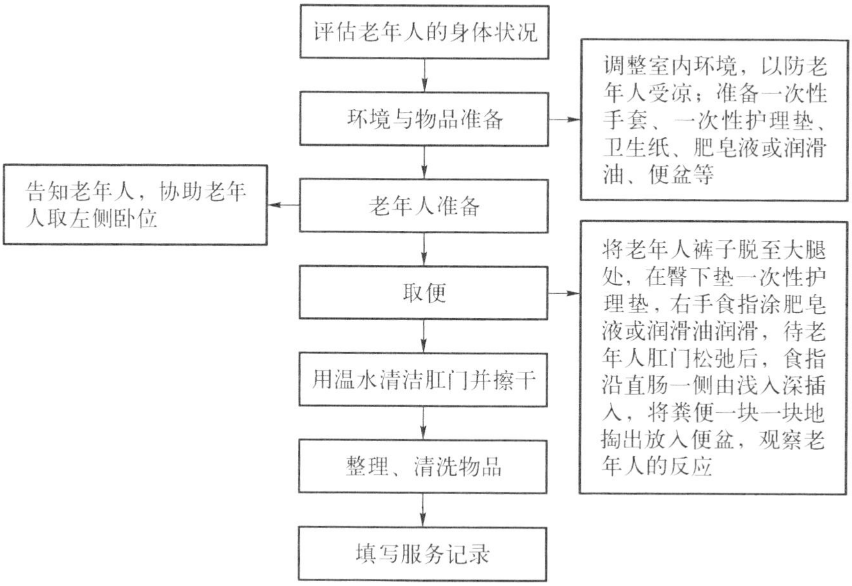

图 8-16　人工取便操作流程

六、注意事项

(1) 人工取便时动作要轻柔，勿使用器械，避免损伤老年人的肠黏膜和肛门。

(2) 操作过程中应注意观察老年人情况，若老年人出现面色苍白、呼吸急促等症状，应立即停止操作，必要时及时送医。

(3) 操作后适当通风，但要避免对流风。

第十五节　晨间护理

一、定义

晨间护理是护理对象晨起后对其进行的清洁护理操作，护理项目包括协助老年人排便、口腔清洁、洗脸、洗手、梳头、穿衣、更衣、整理床单位等。

二、目的

晨间护理的目的是满足老年人日常清洁和舒适的需要，观察和了解老年人的情况，预防压疮发生，保持居室整洁。

三、护理要求

(1) 尊重老年人的意愿，评估老年人的身体状况。

(2) 态度和善，有耐心。

(3) 操作得当，体现专业性：① 根据老年人的病情、生活自理能力选择适当的护理项目；② 与老年人沟通，观察和了解老年人的一般情况，检查其皮肤受压情况；③ 按老年人需求为其更换衣服、被套、床单等；④ 操作时室温、水温适宜，老年人穿着适宜。

四、操作步骤

(1) 备齐用具(口腔清洁用具、温水、脸盆、毛巾、梳子、床刷、便盆或尿壶、卫生纸等)，并带到老年人床边，向老年人解释操作内容，征得老年人同意与合作。

(2) 酌情关闭门窗或用屏风遮挡。

(3) 协助老年人排便、清洁口腔、洗脸、洗手、梳头、穿衣、翻身，检查老年人皮肤受压情况，根据情况进行背部按摩，等等。

(4) 了解老年人睡眠情况和病情变化，按需进行心理护理。

(5) 整理床单，需要时更换衣服、被套、床单等，酌情开窗通风。

五、操作流程图

晨间护理操作流程如图 8－17 所示。

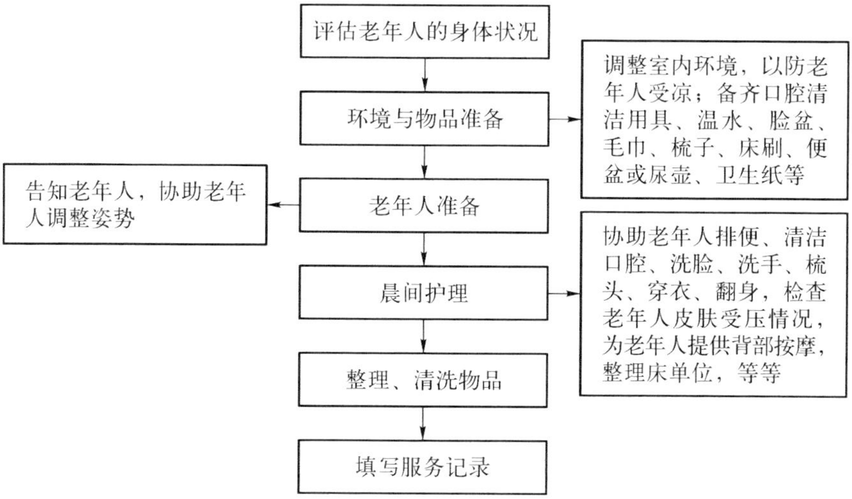

图 8－17　晨间护理操作流程

六、注意事项

（1）整理床铺时，若有多层床单，则应逐层整理床单，然后整理被子，拍松枕芯。

（2）开窗通风时注意防止对流风，避免老年人吹风着凉。

（3）对于老年人可自理的操作或操作中可自理的部分，应鼓励老年人自主完成或协助其完成，保持耐心，不催促。

第十六节　晚间护理

一、定义

晚间护理是在护理对象晚间就寝前对其进行的护理操作，护理项目包括协助老年人排便、口腔清洁、洗脸、洗手、清洁足部、清洁会阴部、脱衣，检查、按摩皮肤，等等。

二、目的

晚间护理的目的是满足老年人日常清洁需要，使老年人舒适、放松，促进睡眠，预防压疮，保持居室整洁。

三、护理要求

（1）尊重老年人的意愿，评估老年人的身体状况。

（2）态度和善，有耐心。

（3）操作得当，体现专业性：① 根据老年人的病情、生活自理能力选择适当的护理项目；② 酌情关闭门窗，放下窗帘，开地灯，关大灯，减少噪声、强光等不良刺激，协助老年人取舒适卧位，使其易于入睡；③ 经常巡视居室，了解老年人的睡眠情况，发现异常情况及时告知医务人员、联系家属。

四、操作步骤

（1）备齐用具（口腔清洁用具、脸盆、毛巾、便盆或尿壶、卫生纸等），并带至老年人床边，向老年人解释操作内容，征得老年人同意与合作。

（2）酌情关闭门窗或用屏风遮挡。

（3）协助老年人清洁口腔、洗脸、洗手，用温水为老年人擦拭背部和臀部，为老年人清洁足部。

（4）协助老年人翻身，检查其皮肤受压情况，观察有无早期压疮症状，按摩其背部和骨隆突部位。

（5）按需为老年人更换衣服、床单等，并整理好床单位。

（6）老年人睡前协助其排便。

（7）保持老年人居室安静，调节室温与光线，为老年人创造良好、舒适的睡眠环境。

（8）若老年人无不适，则整理、清洗用具，结束本次操作。

五、操作流程图

晚间护理操作流程如图 8－18 所示。

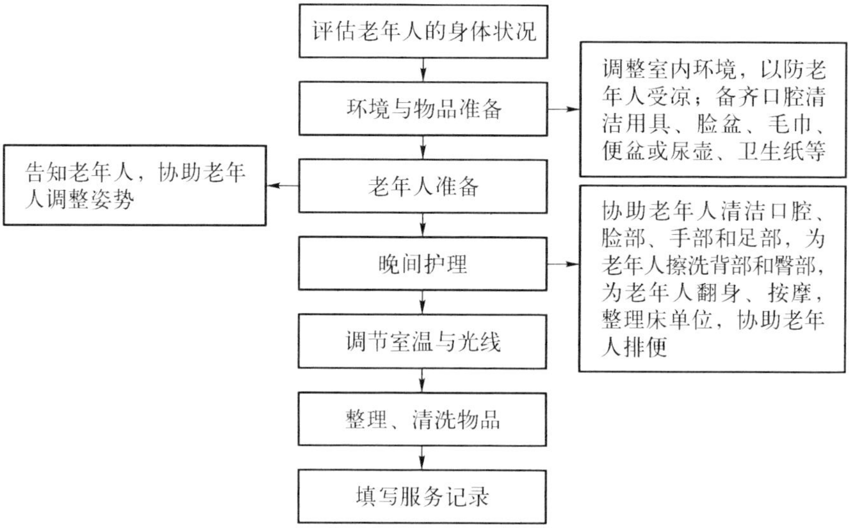

图 8－18　晚间护理操作流程

六、注意事项

(1) 协助老年人清洁脸部和足部时，避免水温过高或过低，一般为 38～42℃，根据老年人喜好调节水温，事先观察老年人的皮肤有无损伤。

(2) 为老年人清洁足部时若需要加温水，应加入 40～45℃的水，避免烫伤老年人。

(3) 关注、询问老年人情况，及时发现老年人不适并做相应处理。

第十七节　会阴护理

一、定义

会阴护理是帮助护理对象擦拭或冲洗会阴部，以保持会阴部清洁的护理操作。

二、目的

会阴护理的目的是协助卧床老年人清洁会阴部，去除局部分泌物，增加老年人的舒适度，避免异味产生，预防感染，防止皮肤破损。

三、护理要求

（1）尊重老年人的意愿，评估老年人的身体状况。

（2）态度和善，有耐心。

（3）操作得当，体现专业性：① 操作时水温要适宜，避免烫伤老年人；② 若护理对象为女性，应从前向后，由耻骨向肛门擦拭会阴部；③ 注意保暖和隐私保护；④ 操作时动作要轻柔。

四、操作步骤

1. 冲洗法操作步骤

（1）按需备齐用具，包括水壶（内盛38～42℃的温水）、便盆、毛巾、一次性护理垫、一次性橡胶手套、浴巾、纱布、屏风等，向老年人解释操作内容，征得老年人同意与合作。若老年人需要排便，则为其提供必要的帮助。

（2）关好门窗，调节室温（以24～26℃为宜），必要时用屏风为老年人遮挡。

（3）在老年人臀下垫一次性护理垫，协助老年人脱下裤子，露出会阴部，一只手托起老年人臀部，另一只手将便盆放在老年人臀下；协助老年人屈膝，双腿分开外展，用被子盖严远侧下肢，用浴巾遮盖近侧下肢。

（4）戴好手套，试水温后，一只手持水壶将温水从上淋下（先淋少许，询问老年人水温是否合适），另一只手用毛巾自上而下擦拭。若护理对象为女性，则由阴阜向下依次冲洗尿道口、阴道口、肛门，再擦拭两侧腹股沟；男性的冲洗顺序为尿道外口、阴茎、阴囊、腹股沟、肛门，冲洗尿道外口、阴茎时应用纱布托起阴茎，将包皮向后推，冲洗龟头和冠状沟，并向阴茎根部冲洗。

(5) 用热毛巾擦干会阴部，检查会阴部皮肤情况。

(6) 撤去便盆、一次性护理垫等物，为老年人更换尿布和内裤。

(7) 脱下一次性手套，撤掉浴巾，为老年人整理衣被，协助老年人取舒适体位。

(8) 若老年人无不适，则整理、清洗用具，结束此次操作。

2. 擦拭法操作步骤

(1) 用具、环境准备同冲洗法。

(2) 在老年人臀下垫一次性护理垫，协助老年人脱下裤子，露出会阴部。

(3) 戴好一次性手套，将毛巾浸湿拧至半干，从会阴上部向下擦至肛门(顺序同冲洗法)，用热毛巾擦干。

(4) 撤去一次性护理垫，之后步骤同冲洗法。

五、操作流程图

会阴护理操作流程如图 8－19 所示。

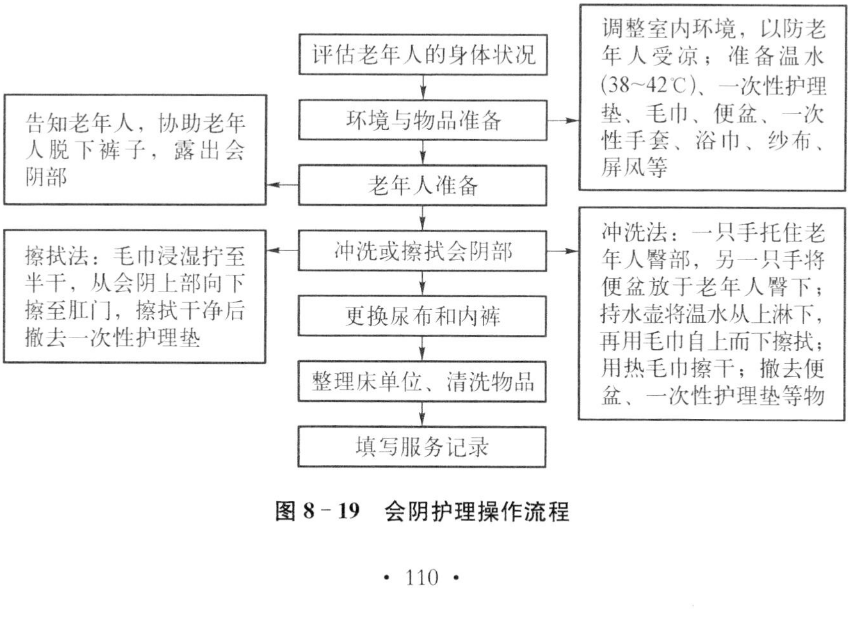

图 8－19　会阴护理操作流程

六、注意事项

(1) 冲洗时缓慢倒水，避免打湿被褥。

(2) 注意调节水温，特别是采用冲洗法时，护理服务人员试水温后，应先倒出少量水冲洗，询问老年人感受。

(3) 冲洗顺序应为由上而下、由前向后，以免粪便污染尿道，造成泌尿系统感染。

(4) 擦拭的毛巾应专用，注意清洁、消毒。

(5) 动作要轻柔，避免损伤老年人皮肤。

(6) 若老年人能自行擦拭，则拧干毛巾后交给老年人自己擦拭。

第十八节　药物管理

一、定义

药物管理是指根据护理对象的自理能力代为保管、分发药物，协助护理对象正确、安全服药。

二、目的

药物管理的目的是协助老年人进行药物治疗，缓解老年人急、慢性疾病症状，促进老年人身体机能改善和恢复。

三、要求

(1) 尊重老年人的意愿，评估老年人的身体状况。

(2) 态度和善,有耐心。

(3) 操作得当,体现专业性: ① 药柜或收纳药物的专用容器放置处的环境应整洁、通风、干燥,药物由专人保管;② 根据老年人的自理能力、意识情况确定药物保管与分发方式;③ 遵照医嘱协助老年人服药,不得私自增、减药物或停药;④ 老年人对药物有疑问时,需要再次核对无误后方能给药,并向老年人解释说明;⑤ 注意询问、观察老年人用药后的情况,以便及时发现药物不良反应。

四、操作规范

(1) 养老机构接收老年人自带的药物时应做好接收登记,并由接收者和老年人家属双方签名。

(2) 药物须有外包装,包装上标明护理对象的姓名、床号等。

(3) 设置专用药柜或放置药物的专用容器,药物分类保管,按内服、外用、注射等分类放置,并按有效期先后排列。

(4) 麻醉药品、精神药品、医疗用毒性药品等应专柜上锁保管,每班交接。

(5) 定期检查药物的有效期,及时处理过期药物。

(6) 按医嘱分发药物,注意药物剂量、服用时间等,特殊药物发放或有认知障碍的老年人服药时须送药到口或看服。

(7) 注意观察药物作用及老年人服药后有无异常反应,若有异常反应,则应及时报告医护人员或协助老年人就诊。

五、操作流程图

药物管理操作流程如图 8 - 20 所示。

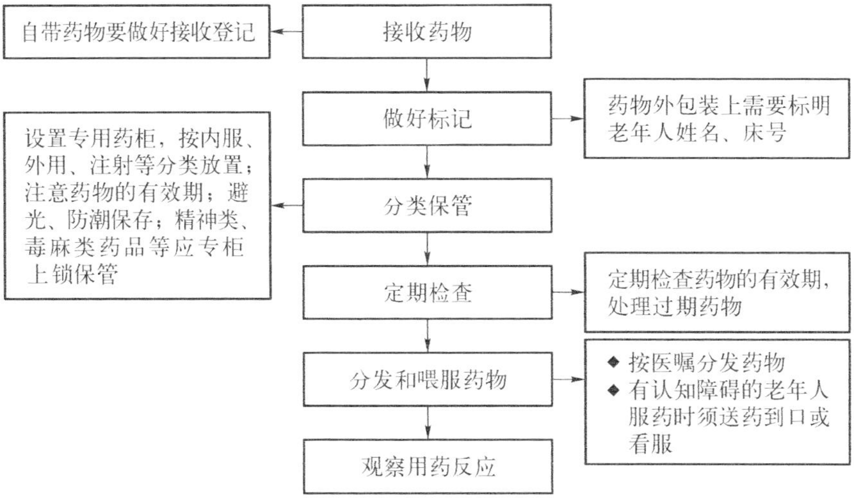

图 8－20　药物管理操作流程

六、注意事项

(1) 药物标记明确，口服药、外用药、注射剂等分开放置，以免拿错，按药物说明书的贮藏条件保存。

(2) 尽量以原包装保存，瓶装药服用后拧紧瓶盖，以免药物潮解、氧化、变质。

(3) 慢性病治疗药物用完前 2～3 天应协助老年人按需就医开药。

第十九节　协助翻身叩背排痰

一、定义

协助翻身叩背排痰是根据护理对象的身体状况，选择合适的方式帮助其翻身拍背，促进其排痰的护理操作。

二、目的

叩背振动可使老年人呼吸道内的痰液松动，促进老年人将痰液排出，保持呼吸道通畅，预防肺部感染，同时也可增加老年人的舒适感。

三、护理要求

(1) 尊重老年人的意愿，评估老年人的身体状况。

(2) 态度和善，有耐心。

(3) 操作得当，体现专业性：① 根据老年人的身体状况和护理要求，选择合适的时间，确定翻身的频次、体位、方式，选择合适的皮肤减压用具；② 对插导管的老年人，翻身前应先将导管安置妥当，翻身后要检查导管，确保其通畅；③ 叩背力度适宜，部位准确；④ 若老年人的痰液黏稠，可让其多饮水或做雾化吸入，帮助其稀释痰液，促进排痰。

四、操作步骤

(1) 向老年人解释操作内容，征得老年人同意与合作。

(2) 为老年人叩背前应先温暖双手，帮助老年人侧卧或坐起，确保体位稳定。老年人侧卧时可为其提供软枕抱于胸前，必要时在老年人嘴角放纸巾供咳痰用。

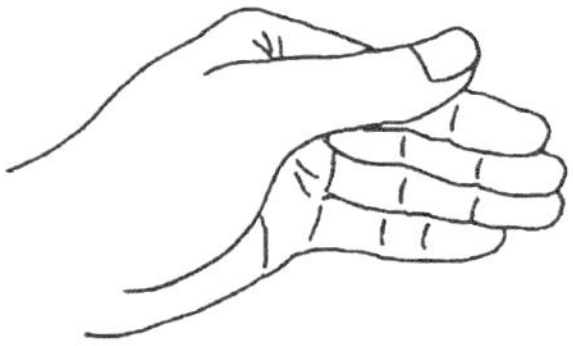

图 8－21　手掌呈空心状

(3) 检查老年人背部皮肤状况，确定无破损后拉平衣服，一只手扶住老年人肩部，另一只手手指并拢弯曲，拇指紧靠食指，手背隆起，手掌呈空心状(见图 8－21)，以手腕力量有节律地叩击老年人背部，每次叩击 10 分钟左右。

(4) 叩背时应从下至上、从外侧至内侧，背部从第十肋间隙、胸部从第六肋间隙开始向上叩击至肩部，注意避开脊柱、肾区、乳房和心前区，力度适宜，每次叩击部位要与上一次叩击部位重叠 1/3，叩击完一侧再叩击另一侧。

(5) 叩击后鼓励老年人有效咳嗽排痰，嘱咐老年人深吸一口气并屏气 3 秒，然后利用腹部的力量有力地咳嗽两三次，以促进排痰。

(6) 密切观察老年人的情况，及时清除老年人口腔内的痰液，观察痰液性状，协助老年人漱口；协助老年人取舒适卧位，检查各种管路。

(7) 若老年人无不适，则整理物品，结束本次操作。

五、操作流程图

协助老年人翻身叩背排痰的操作流程如图 8－22 所示。

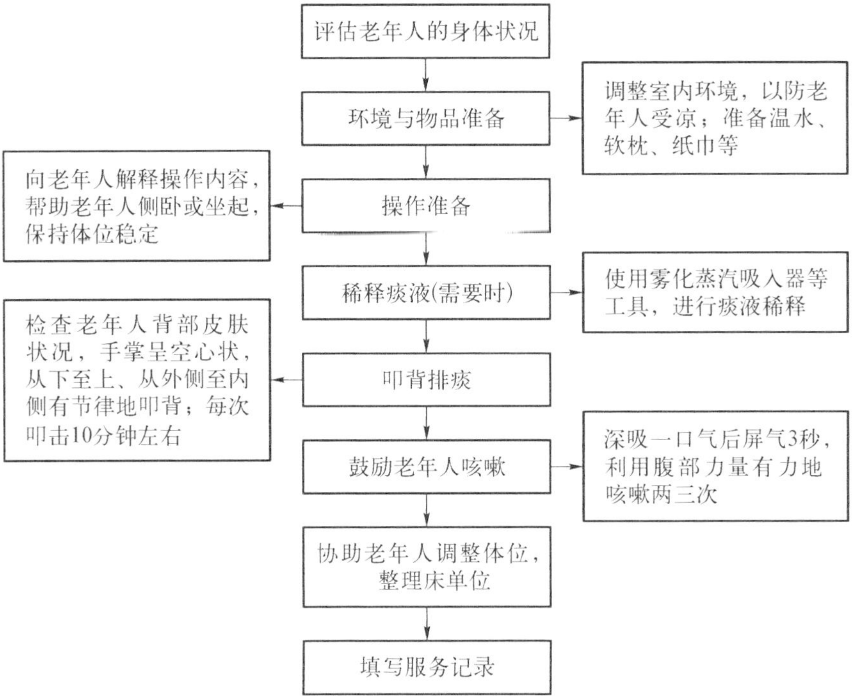

图 8－22　协助老年人翻身叩背排痰的操作流程

六、注意事项

（1）翻身叩背排痰应避免在餐后 2 小时内或餐前 30 分钟内进行。

（2）根据老年人皮肤受压情况，确定翻身间隔时间。若发现老年人皮肤发红或破损，则及时处理，并增加翻身次数，同时做好交班工作。

（3）若老年人身体有伤口或有导管，翻身后应使伤口或导管处于适当位置，防止伤口受压，保证导管通畅。

（4）有活动性内出血、咯血、气胸、肋骨骨折、肺水肿等的老年人，禁止对其进行背部叩击。①

第二十节　皮肤外用药涂擦

一、定义

皮肤外用药涂擦是将药物涂擦在护理对象皮肤上进行治疗的一种护理操作。

二、目的

皮肤外用药涂擦的目的是运用皮肤局部给药的方法，治疗老年人的疾病。

三、护理要求

（1）尊重老年人的意愿，评估老年人的身体状况。

（2）态度和善，有耐心。

（3）操作得当，体现专业性：① 遵医嘱正确使用外用药；② 根据用药部位选择合适体位；③ 注意保护老年人的隐私；④ 涂药后应注意观察

① 周洁：《养老护理技术规范：长期护理保险服务项目》，上海科技教育出版社 2018 年版，第 55 页。

局部皮肤反应和用药效果，及时向医护人员反馈。

四、操作步骤

（1）调节室温，备齐用具（棉签、药剂、敷料等），向老年人解释操作内容，征得老年人同意与合作。

（2）用七步洗手法洗净双手。

（3）涂药前将老年人患处皮肤擦洗干净。

（4）遵医嘱，根据药性选择适当用具，如洗剂、软膏等，可用压舌板或小木片将药物涂抹在老年人患处皮肤。

（5）自患处中心开始向外以环形方式涂抹，边涂抹药物边按摩，以促进皮肤对药物的吸收；告知老年人尽量避免碰触患处，必要时用敷料覆盖。

（6）观察老年人状态，若老年人无不适，则整理、清洗用具，结束本次操作。

五、操作流程图

皮肤外用药涂擦操作流程如图 8－23 所示。

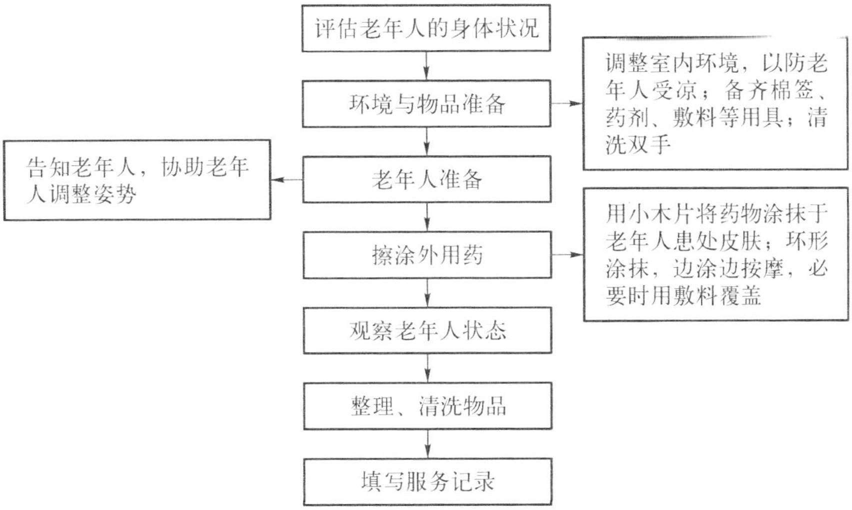

图 8－23　皮肤外用药涂擦操作流程

六、注意事项

(1) 涂药后注意观察局部皮肤反应,如有无红肿、疼痛、瘙痒等过敏反应,还要关注某些药物被吸收后引起的全身反应。

(2) 若老年人局部皮肤有破损,则应进行无菌操作。

(3) 涂敷药膏时不宜涂得太厚,使用洗剂要充分摇匀。

(4) 注意用具的清洁、消毒。

第二十一节　安 全 护 理

一、定义

安全护理是指护理服务人员在护理工作中,通过合理制订和实施护理计划、严格遵循护理制度和操作规范、准确执行医嘱、减少环境风险等来防止护理对象发生意外的护理操作。

二、目的

根据老年人的病情、意识、活动能力、生理机能、生活环境等,做好跌倒、坠床、烫伤、误吸、误食、错服药物、走失等意外的预防工作,同时对老年人及其家属进行安全方面的指导。

三、护理要求

(1) 尊重老年人的意愿,评估老年人的身体状况。

(2) 态度和善,有耐心。

(3) 操作得当,体现专业性: ① 评估老年人各类安全风险,如跌倒、压疮、走失、噎食、自杀等;② 消除机构内的各类不安全因素;③ 不可因机构人手不足而对老年人采取约束措施来预防意外的发生，需要使用约束性的保护用具（如约束带等）对老年人进行安全防护时，应得到老年人家属的同意与授权；④ 对老年人及其家属进行安全指导，增强其安全防范意识；⑤ 采用适宜的信息化安全防范手段及辅具保护老年人的安全。

四、操作规范

1. 防跌倒

（1）评估风险。评估老年人的跌倒风险，若存在较高风险，则应在老年人病历和床头做好容易识别的标志，加强保护与陪伴。

（2）环境适宜。老年人活动区域应光线充足，无眩光，减少台阶、门槛；床、桌、椅摆放合理，位置固定，日常物品放在老年人随手能拿到的地方；地面平坦，无障碍物；走廊、卫生间加装扶手，卫浴场所保持干燥，使用防滑浴椅、脚垫等。

（3）衣着合适。老年人的鞋子应合脚、防滑，提醒老年人尽量不穿拖鞋；衣服不宜过于宽大，以免被钩挂；裤子不宜过长。

（4）活动训练。对步态不稳的老年人进行步态训练，指导其正确使用辅具；起床、行动时做到“3 个 30 秒”，即醒来后在床上躺 30 秒，起来后在床上坐 30 秒，两条腿下垂坐在床边等 30 秒后再行走。

（5）药物使用。一些疾病会导致眩晕、关节活动障碍等，增加跌倒的风险。合理的药物使用有助于预防跌倒，但某些药物的使用，如抗高血压药、镇静安神药、抗精神病药则可能增加跌倒发生的概率。因此，护理服务人员应注意观察老年人，必要时由医务人员进行用药调整。

2. 防坠床

（1）护理服务人员在协助老年人翻身的过程中，应避免操作失误造成老年人坠床，合理使用床挡。

（2）对于睡眠中翻身幅度较大或身材高大的老年人，可将椅子等物放在床边挡护。

(3) 加强巡视，若发现老年人睡在床边缘，则要及时进行防护，必要时将老年人移动到床中央位置。

(4) 对患意识障碍的老年人加强看护，根据需要使用床挡等进行保护。

(5) 有认知障碍或意识不清的老年人出现躁动不安时应及时予以安抚，必要时通过医疗手段对症处理。

3. 防烫伤

(1) 告知老年人不要擅自使用热水袋，确需使用时，注意水温(不超过 50℃)、水量(1/2～2/3)，检查热水袋有无破损漏水情况，擦干热水袋，套上布套，热水袋不接触身体(距离身体 10 厘米，或者睡前放置，睡时取出)。向老年人交代注意事项，加强巡视。

(2) 对于患意识障碍、认知障碍、视力障碍的老年人或高龄老年人，为其提供安全的环境和器具，将热水瓶、发热电器等可能引起烫伤的物品放在老年人不易触及的地方。

(3) 协助进食或鼻饲时，护理服务人员应先试食物的温度(可用前臂掌侧试验)，食物温度以 38～40℃为宜。

(4) 洗澡时先放冷水再放热水，对患糖尿病、偏瘫、认知障碍等疾病的老年人要特别注意洗澡水、洗脚水的温度。

4. 防走失与防自杀

(1) 定期开展安全教育工作，告知老年人不可擅自外出。

(2) 评估老年人的意识和身体状况，发现存在或有潜在走失危险时，应加强看护，及时与医护人员、安保人员取得联系；必要时为老年人制作信息卡片，保留老年人近照，以备走失后寻找。

(3) 做好老年人人数清点、交班等工作，组织老年人外出活动时特别要注意预防老年人走失，门卫做好外出老年人询问、记录工作。

(4) 关爱老年人，加强与老年人的交流，及时掌握老年人的心理状况，在老年人出现情绪或心理异常时给予其心理评估和辅导。

(5) 加强对药品、危险物品的管理。

五、注意事项

(1) 在护理操作过程中，要给予老年人足够的尊重与关怀。

(2) 发现老年人跌倒时应及时联系医护人员进行专业判断，同时做好安抚和保暖措施，避免搬动老年人而对老年人造成二次伤害。

(3) 防范约束措施引起的继发伤害，以及约束措施对老年人精神、心理方面产生的影响；约束用具松紧度应适宜，老年人肢体处于功能位，体位舒适；约束期间定时放松，定时观察老年人肢体血液循环状况。

(4) 机构应制订各类安全事故的防范和应急处置预案，并做好员工培训和演练工作。

第二十二节　压疮预防护理

一、定义

压疮也称压力性溃疡，是指局部组织长时间受压，造成血液循环障碍，持续缺血、缺氧、营养不良而至软组织溃烂和坏死的状况。压疮预防护理是通过适宜的方法防止压疮发生的护理操作。

二、目的

压疮预防护理的目的是避免老年人局部组织受压，保持皮肤清洁，促进皮肤血液循环，使老年人感到舒适。

三、护理要求

(1) 尊重老年人的意愿，评估老年人的身体状况。

（2）态度和善，有耐心。

（3）操作得当，体现专业性：① 动态评估老年人发生压疮的危险程度；② 了解引起压疮的原因，采取相应的预防措施，做到勤翻身、勤观察（皮肤）、勤擦洗、勤整理（床单位）、勤更换（衣物）；③ 加强营养支持，改善老年人全身状况；④ 与老年人及其家属沟通，为其提供预防压疮的健康指导。

四、操作步骤

1. 减少局部受压

（1）对于活动能力受限或卧床的老年人，每 2 小时为其翻身 1 次，必要时 1 小时 1 次。

（2）若老年人受压处皮肤在解除压力 30 分钟后压红仍不消退，则应缩短翻身间隔时间。

（3）使用减压床垫、轮椅坐垫、体位垫等，分散压力，缓解骨突部受压状况。

2. 清洁保护皮肤

（1）用温水为老年人擦拭皮肤，使其皮肤保持清洁无汗味。

（2）对于大小便失禁的老年人，应及时为其更换干净的衣服，及时清洁会阴、骶尾部，肛周涂油剂保护。

（3）保持床铺和衣物清洁、干燥、平整。

（4）转运老年人或协助老年人变换体位时避免拖拽等动作，以免损伤老年人的皮肤。

（5）避免使用破损的便器或将便器强行塞入老年人臀下。

（6）注意固定氧气管、鼻饲管等管路，避免损伤固定处皮肤或长时间压迫鼻梁、耳郭。

3. 加强全身营养

保证老年人每日摄入优质蛋白质和足够的维生素、矿物质、纤维素，鼓励老年人多饮水，控制血糖，必要时少食多餐。

4. 促进局部血液循环

（1）经常用温水为老年人擦澡、擦背，用温热毛巾热敷按摩压疮易发部位。

（2）手法按摩。其操作步骤如下：① 调节室温，准备温水、毛巾、乳液等，协助老年人取舒适的侧卧位，给予老年人适当支撑，露出背部皮肤。② 确认皮肤无异常情况后，用双手的大小鱼际蘸取乳液，做向心按摩或用拇指指腹以环状动作向外按摩，每次按摩 3～5 分钟，反复多次。按摩顺序为从老年人臀部上方开始，沿脊柱两侧边缘向上按摩至肩部，再转向下至髂部，骨突处稍做停留多按几次。③ 用拇指从腰椎处沿脊柱两侧边缘向上按摩至第七颈椎处；用大小鱼际按摩骶尾部。④ 按摩后用浴巾擦净背部，整理衣物、床单位，协助老年人取舒适体位，放置体位垫。

五、操作流程图

手法按摩操作流程如图 8－24 所示。

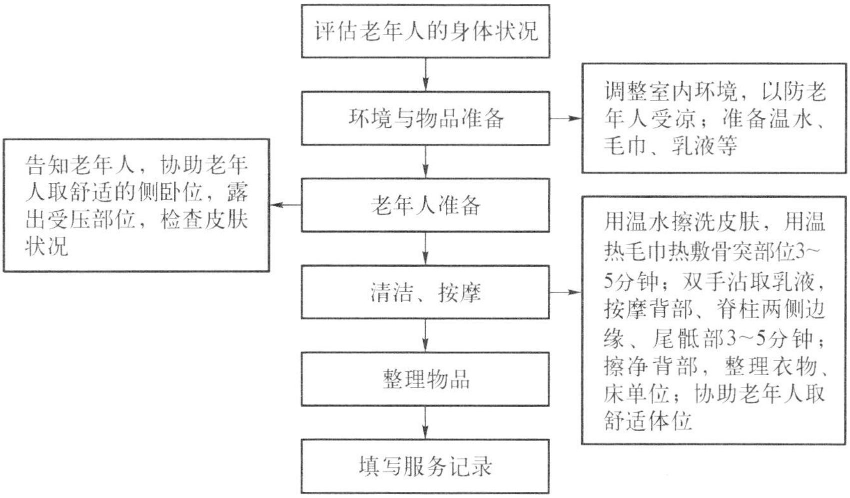

图 8－24　手法按摩操作流程

六、注意事项

(1) 长期卧床老年人可使用气垫床、翻身床等减压用具。

(2) 清洗皮肤时,不要用刺激性大的碱性肥皂,可用清水或弱酸性的沐浴液,最好采用冲洗的方法,不要用力揉搓。

(3) 若老年人皮肤干燥,按摩时可用乳液润滑,夏天可用爽身粉,但两者不可同时使用,以免堵塞毛孔。

(4) 卧床老年人应穿棉质、柔软、宽松的内衣,吸汗且不刺激皮肤。

(5) 衣服、床铺应平整,没有渣屑。

(6) 若受压皮肤出现压之不退的红斑,反复按摩并不能缓解,反而可能加重局部损伤,应尽量避免不必要的按摩。①

(7) 积极治疗原发病,如控制血糖、控制感染、减轻水肿、改善缺氧等,这样有助于预防压疮的发生。

第二十三节　留置导尿管护理

一、定义

留置导尿管是在导尿后将导尿管保留在膀胱内引流出尿液的方法。对于不能自行排尿而又无其他治疗方法的护理对象,需要长期留置导尿管。留置导尿管护理是指通过对导尿管、尿袋、会阴部的护理,保持护理对象导尿通畅、预防尿路感染的护理操作。

二、目的

留置导尿管护理的目的是为尿失禁、尿潴留或会阴部有伤口的老年

① 邓宝凤:《老年常见病照护》,中央广播电视大学出版社 2016 年版,第 25 页。

人引流尿液，以保持其会阴部清洁干燥、排尿顺畅，预防尿路感染，方便观察尿量，训练膀胱功能。

三、护理要求

（1）尊重老年人的意愿，评估老年人的身体状况。

（2）态度和善，有耐心。

（3）操作得当，体现专业性：① 通过观察老年人尿液的颜色、性状和量，有无尿频、尿急、腹痛等症状，评估老年人导尿管留置时间；② 鼓励老年人每日摄入足够的液体，以降低尿路感染和结石发生的概率；③ 避免导尿管受压、脱落，防止泌尿系统逆行感染；④ 采用间歇性夹管的方式锻炼老年人膀胱的功能。

四、操作步骤

1. 保持引流管和导尿管通畅

留置导尿管期间，避免引流管和导尿管受压、扭曲、堵塞。

2. 妥善固定导尿管与尿袋

尿袋的高度不能高于膀胱，以免尿液反流；老年人卧床时，尿袋可固定于床旁既易于检查又较为隐蔽的位置；老年人离床活动时，应用胶布将导尿管远端固定在其大腿上，尿袋应低于膀胱，妥善固定，方便老年人活动。

3. 防止泌尿系统逆行感染

保持老年人尿道口清洁。对于女性护理对象，可用安尔碘等消毒棉球擦拭其外阴与尿道口；对于男性护理对象，可用安尔碘等消毒棉球擦拭其尿道口、龟头与包皮。每日擦拭一次或两次。

4. 训练膀胱功能

定时夹闭和放开导尿管，一般 3～4 小时放开一次，使老年人的膀胱定时充盈和排空，促进膀胱功能恢复。

5. 定时更换尿袋

根据不同种类尿袋的说明书，定期为老年人更换尿袋，必要时记录尿量。更换尿袋的步骤如下：

(1) 评估留置导尿管有无滑脱，是否通畅，观察尿袋中尿液的颜色、性状和量。

(2) 备齐用具，如尿袋、碘伏、棉签、别针、一次性手套、止血钳等；查看尿袋、碘伏和棉签是否在有效期内，检查尿袋有无破损；洗净双手，戴好口罩、一次性手套。

(3) 向老年人解释操作目的与内容，征得老年人同意与合作。

(4) 打开尿袋放尿端口，排空尿袋内余尿，关闭放尿端口；夹闭尿袋引流管上的开关。

(5) 撕开备好的尿袋的外包装，内面朝上平铺在留置导尿管和尿袋连接处下方。

(6) 戴上手套，用止血钳夹住留置导尿管开口上端 3～5 厘米处，分离留置导尿管与尿袋。

(7) 取下尿袋，将连接导尿管口端置于尿袋上，卷起放置一旁。

(8) 用碘伏对尿管端口与外周进行消毒，检查并关闭待更换尿袋的放尿端口；取下新尿袋引流管端口盖帽，将引流管端口插入导尿管内。

(9) 松开止血钳，观察尿液引流情况，若通畅，则夹闭尿袋引流管上的开关，用别针将尿袋固定在床边，2 小时放尿一次。

(10) 整理、清洗用具，尿袋、棉签、手套及可能被尿液污染的用物按医用垃圾处理；整理床单位。

(11) 做好记录，发现异常情况及时报告医护人员。

五、操作流程图

更换尿袋的操作流程如图 8－25 所示。

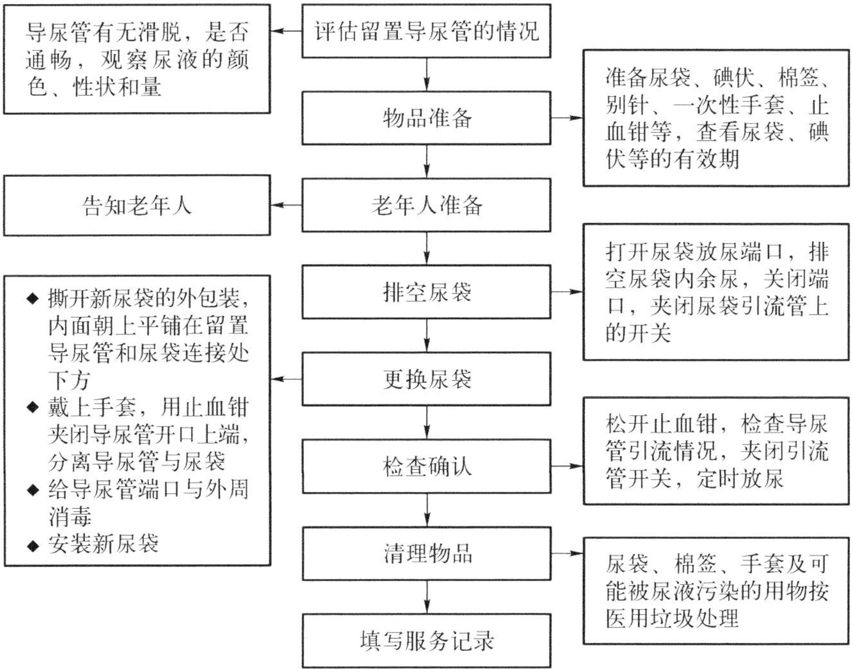

图 8－25 更换尿袋的操作流程

六、注意事项

(1) 操作时动作要轻柔，保护老年人的隐私。

(2) 妥善固定尿袋，随时观察导尿管有无脱出、漏尿的情况，发现问题应及时请示医护人员。

(3) 观察尿量时，视线应与尿袋的刻度线保持水平。

(4) 更换尿袋时应避免污染，引流管末端高度要始终低于老年人会阴部的高度，避免尿液逆流造成感染。

(5) 注意观察留置导尿管接触部位的皮肤，若发现局部有红肿、溃烂等情况，应及时与医护人员沟通。

第二十四节　人工肛门便袋护理

一、定义

人工肛门便袋护理是为直肠、结肠或回肠肛门改道造瘘术后的护理对象提供的护理，包括肛门便袋的使用、局部皮肤的护理等内容。

二、目的

人工肛门便袋护理的目的是更换人工肛门便袋，去除异味，保持造口及周围皮肤清洁，避免造口周围皮炎发生；观察造口情况；改善老年人生活质量，维护老年人自尊。

三、护理要求

(1) 尊重老年人的意愿，评估老年人的身体状况。

(2) 态度和善，有耐心。

(3) 操作得当，体现专业性：① 根据老年人的具体情况选择不同类型的便袋；② 注意观察造口及周围皮肤状况、排便情况，及时发现异常情况；③ 当便袋有渗漏或便袋内容物超过便袋容量的1/3时，应将便袋取下倾倒，替换新的便袋；④ 保持老年人床单位清洁、干燥，随时更换被污染的衣物、被褥；⑤ 对老年人及其家属进行造口护理知识、合理饮食等方面的宣教，指导老年人养成按时排便的习惯；⑥ 肠造瘘术后的老年人常有抑郁、自卑、依赖等心理问题，护理服务人员应与老年人进行良好的沟通，给予老年人支持、关心和安慰。

四、操作步骤

(1) 调节室温，按需准备干净的便袋、温水、脸盆、毛巾、纱布、卫生纸等物品。

（2）评估老年人造口大小及造口周围皮肤情况，向老年人解释操作目的与内容，征得老年人同意与合作。

（3）协助老年人取平卧位、半坐卧位或坐位，帮助老年人露出造口部位，将卫生纸垫于造口处的身下，揭去原来的便袋。撕离便袋时要一只手按着皮肤，另一只手由上往下撕，以免损伤老年人皮肤，撕下的便袋放入医用污物桶。

（4）更换便袋前先用温水擦洗造口及其周围皮肤，不要使用酒精等刺激性强的外用药擦洗；用软纸或纱布轻轻擦干，确保皮肤干燥。

（5）粘贴便袋时，先除去胶片外面的粘纸贴于造口位置，轻压便袋胶片环及其周围，使其与皮肤充分接触紧贴，防止渗漏。

（6）换好便袋后用腰带将便袋两旁的扣洞扣上，固定于老年人腰间。

（7）若老年人无不适，则整理、清洗用具，结束本次操作。

五、操作流程图

更换便袋操作流程如图 8－26 所示。

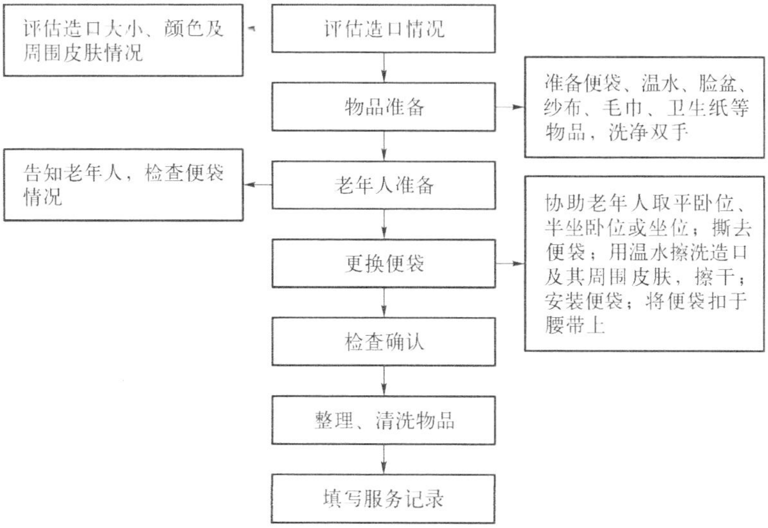

图 8－26　更换便袋操作流程

六、注意事项

(1) 操作过程中应注意保暖,并注意保护老年人的隐私,动作轻柔。

(2) 餐后 2～3 小时内不要更换便袋,因为此时肠蠕动较活跃,更换时老年人有可能出现排便情况。

(3) 老年人可摄入易消化、高热量、高蛋白、高维生素食物,但要少食多餐,避免进食有刺激性、易胀气、不易消化和有臭味的食物,同时要注意饮食卫生,防止饮食不当引起腹泻或便秘。

(4) 观察造口及其周围皮肤情况,观察排泄物性状,若造口出血、发黑,应立即向医护人员汇报。

(5) 指导老年人选择宽松、舒适、柔软的衣服,以免衣服过紧使造口受到摩擦,导致出血。

(6) 老年人在身体状况好转后,可适量参加一些不剧烈的体育运动,但避免进行重体力活动,防止形成造口旁疝或造口脱垂等。

第九章　医 疗 护 理

本章选取了养老机构中应用比较多的简单医疗护理操作内容，对开塞露/直肠栓剂给药、鼻饲、药物喂服、物理降温、生命体征监测、吸氧、灌肠等常见问题进行阐述，所选内容均为上海市长期护理保险服务中的临床护理项目。

第一节　开塞露/直肠栓剂给药

一、定义

开塞露/直肠栓剂给药是通过在护理对象肛门使用开塞露或直肠栓剂，帮助其排便或进行药物治疗的护理操作。

二、目的

开塞露有助于润滑肠道，软化粪便，刺激肠壁，反射性地引起排便反应，促进粪便排出，缓解便秘症状；直肠栓剂有不同的药理作用，其药物成分可被直肠黏膜吸收，从而起到全身治疗的作用，如解热镇痛栓。

三、护理要求

（1）尊重老年人的意愿，评估老年人的身体状况。

（2）态度和善，有耐心。

（3）操作得当，体现专业性：① 注意保暖，保护老年人的隐私；② 指导老年人通过多饮水、进食富含膳食纤维的食物、腹部按摩等方法预防便秘；③ 操作时动作轻柔，观察老年人用药后的反应；④ 开塞露不可长期使用，以免耐受而失去作用。

四、操作步骤

这里主要介绍开塞露给药操作步骤，直肠栓剂给药操作步骤大致相同。

（1）关闭门窗，调节室温，必要时用屏风遮挡。

（2）洗净并使双手温暖，必要时戴口罩。

（3）准备开塞露、一次性护理垫、卫生纸、一次性手套等物品。

（4）向老年人解释操作目的和操作内容、开塞露的使用方法、采取的姿势，征得老年人同意与合作。

（5）协助老年人将裤子脱至膝部，取左侧卧位，臀部靠近床边，在其臀下垫一次性护理垫。

（6）戴上手套，拧开开塞露的盖帽，左手分开老年人臀部，右手持开塞露塑料壳球部，挤出少量药液润滑开塞露前端和肛门口，再将开塞露细管部分沿直肠壁放入肛门内，叮嘱老年人深吸气，用力挤压开塞露塑料壳球部，将药液全部挤入肛门内。

（7）退出开塞露塑料壳，同时左手取卫生纸按压肛门 5 分钟，叮嘱老年人保持侧卧体位 10 分钟后再排便。老年人主诉有便意时，护理服务人员应指导其深呼吸，提肛（收紧肛门）。

（8）开塞露挤入 10 分钟后，协助老年人排便、清洁肛周、穿好裤子。

（9）整理床单位，洗手，记录使用开塞露的量和排便情况。

五、操作流程图

开塞露给药操作流程如图 9－1 所示。

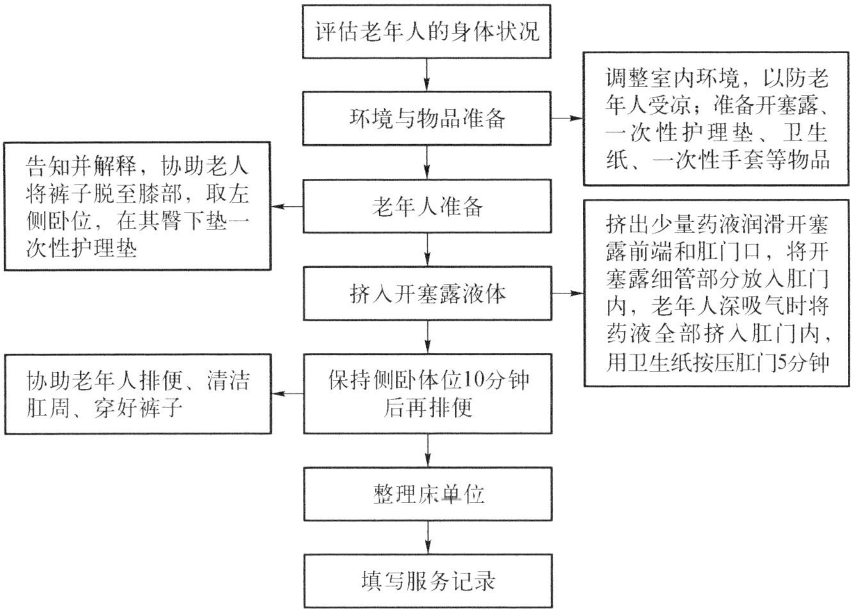

图 9－1　开塞露给药操作流程

六、注意事项

（1）使用开塞露前，要检查开塞露前端是否圆润、光滑，防止损伤老年人肛门周围组织。

（2）患有痔疮的老年人使用开塞露时，操作应轻缓并充分润滑。

（3）开塞露应在老年人有便意时使用，轻度便秘者保留 5～10 分钟，严重者保留时间可超过 10 分钟(不超过 30 分钟)。

(4) 对开塞露过敏者禁用,过敏体质者慎用。

第二节 鼻 饲

一、定义

鼻饲是指将导管或硅胶管由鼻腔插入胃内,分次灌入或持续滴入流质食物、水和药物的方式。本节主要介绍经胃管进行鼻饲的护理操作。

二、目的

鼻饲的目的是为不能经口进食的老年人从胃管注入流质食物、水和药物,以保证老年人摄入足够的营养,满足老年人的治疗需要。

三、护理要求

(1) 尊重老年人的意愿,评估老年人的身体状况。

(2) 态度和善,有耐心。

(3) 操作得当,体现专业性:① 鼻饲前检查胃管,确保其在老年人胃内且通畅;② 确保鼻饲食物新鲜、无污染,注意鼻饲食物的温度,避免烫伤老年人;③ 注意鼻饲的量和间隔时间;④ 对于长期鼻饲的老年人,应做好口腔护理(2 次/日);⑤ 注意鼻饲用物的清洁消毒,注射器每周更换;⑥ 做好留置胃管的固定和保护工作,防止胃管脱出;⑦ 注明留置胃管的使用时间,根据所用胃管的使用期限,提醒医生或老年人家属更换胃管。

四、操作步骤

(1) 保持室内环境整洁,洗净双手,备齐毛巾、水杯、注射器、弯盘、纱布等用具。

(2) 根据饮食单准备鼻饲饮食，核对床号、姓名以及鼻饲饮食的种类和量。

(3) 向老年人解释操作目的和操作内容，征得老年人同意与合作。

(4) 根据老年人的身体情况，协助其取得舒适体位；对于上半身功能较好的老年人，应协助其取坐位或半坐位；对于平卧老年人，应将床头摇高或使用软垫垫起，使其上半身与床面约成 30°角。

(5) 在老年人的颌下垫毛巾或治疗巾，检查胃管是否完好且固定，插入长度是否与胃管标记的长度一致。检查胃管是否在老年人胃内，检查的方法有如下三种：① 用注射器抽吸，查看是否有胃液被抽出；② 用注射器往胃管内注入 10～20 毫升空气，用听诊器听老年人胃部，检查能否听到气过水声；③ 将胃管末端放于盛水的碗中，看有无气体溢出。

(6) 测试鼻饲饮食的温度(以 38～40℃为宜)，也可将少量鼻饲饮食滴在自己的掌侧腕部，以感觉温热、不烫手为宜。

(7) 用注射器从水杯中抽取 20 毫升温开水，连接胃管向老年人胃内缓慢推注，再盖好胃管末端盖帽，以确保胃管通畅，同时润滑管腔、刺激胃液分泌。

(8) 用注射器抽吸鼻饲饮食(每次抽取 50 毫升)，在水杯中轻蘸注射器乳头部分，涮下注射器乳头外壁残留的鼻饲饮食，打开胃管盖帽并连接注射器，缓慢推注。推完后立即盖好胃管盖帽，再次抽吸鼻饲饮食。用同样的方法直到鼻饲饮食全部推注完毕，每次鼻饲总量不超过 200 毫升。

(9) 用注射器抽取 20 毫升左右的温开水缓慢注入胃管，冲净胃管内壁残留的食物，防止堵管。冲洗完盖好胃管盖帽，用清洁的纱布包好胃管末端并将其固定于老年人枕边或衣领上。老年人应在保持鼻饲时体位 30 分钟后再恢复平卧位。

(10) 撤下毛巾或治疗巾，整理床单位。

（11）清洗用具，准确记录鼻饲时间和鼻饲量。

五、操作流程图

鼻饲操作流程如图 9－2 所示。

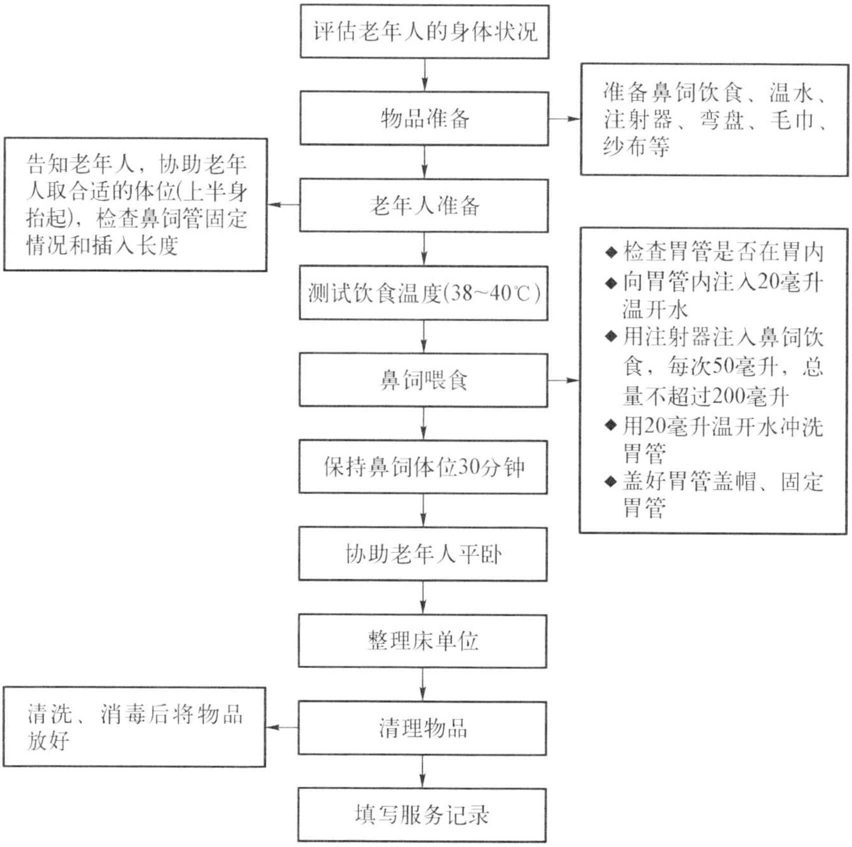

图 9－2　鼻饲操作流程

六、注意事项

（1）每次鼻饲量不应超过 200 毫升，推注时间以 15～20 分钟为宜，两次鼻饲间隔时间不少于 2 小时。

（2）鼻饲前后30分钟内禁止吸痰，避免胃液或食物反流引发误吸。

（3）在鼻饲前抽吸胃液，若发现胃液呈深棕色或有其他异常情况，应立即通知医护人员。

（4）鼻饲过程中，若老年人出现恶心、呕吐等情况，应立即停止鼻饲，并通知医护人员。

（5）叮嘱并协助老年人进食后保持体位30分钟再卧床休息，以防食物反流引发误吸。

（6）鼻饲老年人需要服用口服片剂时，为了防止胃管堵塞，应将片剂研碎、溶解后再推注。

（7）注意观察胃管固定处皮肤的情况，发现异常情况时应及时通知医护人员处理。

（8）观察老年人鼻饲后有无腹胀、腹泻等不适症状并记录。

第三节　药物喂服

一、定义

药物喂服是指遵医嘱协助记忆力减退、患认知功能障碍或躯体活动异常的护理对象口服药物的护理操作。

二、目的

药物喂服的目的是协助老年人正确、安全服药，以治疗疾病、控制病情，或预防疾病、协助诊断。

三、护理要求

（1）尊重老年人的意愿，评估老年人的身体状况。

(2) 态度和善,有耐心。

(3) 操作得当,体现专业性:① 评估老年人的病情、过敏史、用药史、不良反应史,了解老年人所服药物的作用、不良反应以及某些药物服用的特殊要求;② 遵医嘱协助老年人服药,喂服前严格遵循查对制度,即仔细核对姓名、药物名称、剂量、有效期、服用方法等;③ 老年人服药时尽量让其取坐位或半卧位,以利于药物进入胃内;④ 一般服药用水量以 50～100 毫升温水为宜,水温合适,必要时将药物碾碎喂服,不以茶水、牛奶等送服药物;⑤ 鼻饲给药时,应当将药物研碎、溶解后从胃管注入;⑥ 观察老年人的服药效果及不良反应。

四、操作步骤

(1) 保持环境整洁、安静,光线明亮。

(2) 根据老年人的情况协助其取坐位或半卧位(将床头抬高,成 30°～50°角)。

(3) 准备好药物、温开水、服药单等,洗净双手。

(4) 核对老年人的姓名与服药单是否相符,药物与服药单是否相符。

(5) 根据药量为老年人倒好温水,温水量按照 2～4 片(粒)药物备 100 毫升温水计算。药物片(粒)数较多时,按照 2～4 片(粒)/次喂服。

(6) 对于有自理能力的老年人,护理服务人员可将药物与水杯递给老年人,告知老年人先饮一小口水润滑咽喉再服药,看着老年人将药物服下。

(7) 对于不能自理的老年人,护理服务人员应告知老年人准备服药,协助其取半坐位,先用汤匙或吸管喂一小口水,将药物放入老年人口中,再用汤匙或吸管协助老年人将药物服下。必要时检查老年人口腔,确认药物已服下。

(8) 保持体位 30 分钟后再协助老年人取舒适体位。

(9) 将水杯放回原处,整理床单位,清理物品。

（10）观察并询问老年人服药后的情况，记录老年人服药后的表现。

五、操作流程图

药物喂服操作流程如图 9－3 所示。

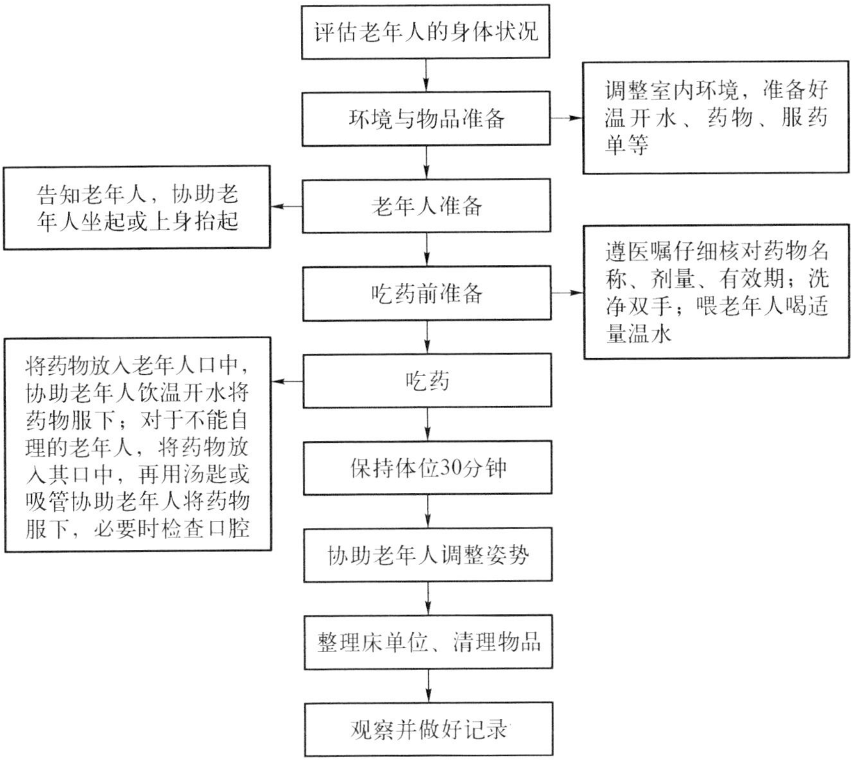

图 9－3　药物喂服操作流程

六、注意事项

（1）遵医嘱协助老年人服药，不得私自加、减药物或停药。

（2）老年人对药品有疑问时，需要再次核对无误后方能给药，并要向老年人解释说明。

（3）若发现老年人用药后有异常反应，应及时报告医护人员或协助老年人就诊。

(4) 对于有吞咽困难的老年人，要咨询医护人员或根据药物的说明书，确定是否可以将药物切割成小块或研碎给老年人服用。

(5) 协助患有精神疾病的老年人服药后，要请其张口，检查药物是否全部咽下。

第四节　物理降温

一、定义

物理降温(也称冷疗)是将低于人体温度的物质作用于机体的局部或全身，以达到降温、减轻充血或控制出血、镇痛、消炎等目的的治疗方法。

二、目的

降低高热或中暑老年人的体温；抑制组织细胞的活动、收缩血管、降低神经末梢敏感性，从而起到减轻疼痛和组织肿胀、控制出血、抑制炎症扩散等作用；头部降温可降低脑细胞的代谢率，减少脑细胞损害。

三、护理要求

(1) 尊重老年人的意愿，评估老年人的身体状况。

(2) 态度和善，有耐心。

(3) 操作得当，体现专业性：① 评估老年人的病情、意识、局部组织血液循环情况、皮肤情况、配合程度；② 遵医嘱选择合适的物理降温方法，告知老年人物理降温的注意事项；③ 使用冰袋时应当避开老年人枕后、耳郭、心前区、腹部、阴囊(男性)和足底部位；④ 叮嘱老年人在高热期间摄入足量的水分；⑤ 实施物理降温时应观察老年人局部血液循环和体温变化情况，半小时后复测体温。

四、操作步骤

1. 使用冰袋物理降温

(1) 根据实际情况准备几个自制冰袋或化学冰袋，检查冰袋是否完好。

(2) 准备好布套或小毛巾、体温计、体温记录单等。

(3) 评估老年人的身体状况，确认是否可以进行物理降温操作。

(4) 向老年人解释操作目的与操作内容，征得老年人同意与合作。

(5) 用布套或小毛巾包裹冰袋，置于老年人前额、头顶或体表大血管处，如腹股沟、腋下，冰袋不可直接接触老年人的皮肤。

(6) 使用冰袋期间，要经常询问老年人的感受，观察冰袋的情况，冰块融化后应及时更换；观察老年人局部皮肤的颜色，判断有无冻伤。

(7) 物理降温 30 分钟后复测体温，观察降温效果。若采用腋下测温，注意要在未放置冰袋一侧的腋窝处测量体温。若两侧腋下均放置冰袋，可将冰袋取出 10 分钟后再测腋下体温。

(8) 待体温下降后取出冰袋，整理床单位，安置好老年人，使其体位舒适。

(9) 整理物品，洗手，记录老年人使用冰袋前后的体温变化。

2. 温水擦浴降温

(1) 评估老年人的身体状况是否适合进行此项操作。

(2) 向老年人解释操作目的和操作内容，征得老年人同意与合作。

(3) 准备温水(32～34℃)，内浸两块小毛巾，备齐大毛巾、冰袋、热水袋、布套或小毛巾、体温计、体温记录单等，必要时可准备一套干净衣服。

(4) 将室温调节至 22～24℃，关闭门窗，或用屏风遮挡老年人身体。

(5) 掀开老年人的盖被，将准备好的冰袋、热水袋用布套或小毛巾包裹住，分别放在老年人头部和脚下。

(6) 协助老年人露出擦拭部位，下垫大毛巾，拧干浸湿的小毛巾缠在手上成手套式，按离心方向边擦边按摩，顺序如下：① 协助老年人露出一侧上肢，自颈部沿上臂外侧擦至手背，自侧胸部经腋窝内侧擦至手心，再用同样的方法擦拭另一侧上肢；② 协助老年人侧卧，露出背部，自颈部向下擦拭整个背部，擦干后穿好上衣；③ 协助老年人露出一侧下肢，自髋部沿腿的外侧擦至足背，自腹股沟的内侧擦至内踝部，自臀下经腘窝擦至足跟，再用同样的方法擦拭另一侧下肢。

（7）擦干后协助老年人穿好裤子，移去热水袋，为老年人盖好被子。

（8）温水擦浴 30 分钟后为老年人测量体温，若体温降至 38.5℃以下，可取下头部冰袋。

（9）协助老年人躺卧，按要求整理好热水袋和冰袋，洗手，记录老年人擦浴前后的体温变化。

五、操作流程图

物理降温操作流程如图 9－4 所示。

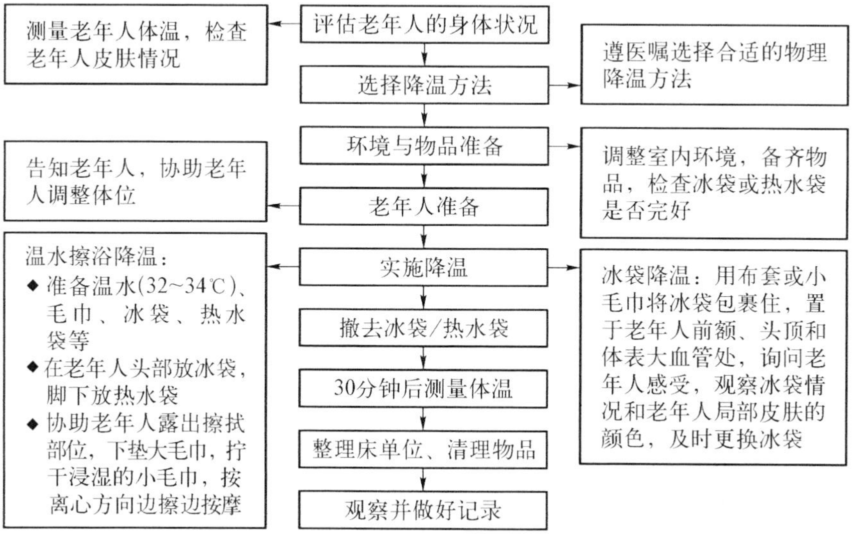

图 9－4 物理降温操作流程

六、注意事项

（1）化学冰袋使用前应检查有无破损。

（2）使用冰袋时每10分钟观察降温部位皮肤状况，若有苍白、青紫、灰白或疼痛感、麻木感，须立即停止使用。

（3）一般物理降温时间为10～30分钟，物理降温过程中应密切关注老年人病情与体温变化。若老年人出现打寒战、面色苍白、脉搏和呼吸异常等情况应立即停止物理降温，必要时报告医务人员。

（4）局部血液循环明显不良、有组织破损或慢性炎症、对冷刺激特别敏感的老年人不可使用冰袋进行物理降温。

（5）温水擦浴过程中应注意保暖，保护老年人的隐私。

第五节　生命体征监测

一、定义

生命体征监测是指为护理对象进行体温、脉搏、呼吸、血压等重要体征监测的护理操作。

二、目的

生命体征监测的目的是通过监测老年人的体温、脉搏、呼吸、血压等，了解老年人身体基本状况，观察疾病控制情况，及时发现异常情况，以便医护人员做进一步处理。

三、护理要求

（1）尊重老年人的意愿，评估老年人的身体状况。

(2) 态度和善,有耐心。

(3) 操作得当,体现专业性。

① 测量体温:对于精神异常、意识不清、有认知障碍或烦躁和不配合的老年人,应采取恰当的测量方法或在其床旁协助其测量体温;体温计消毒方法符合要求;测腋温、口温、肛温时,应选择合适的体温计,并注意将体温计放置在正确的位置。

② 测量脉搏:一般老年人可以测量30秒,脉搏异常的老年人应测量1分钟。

③ 测量呼吸:协助老年人取自然体位,观察老年人胸部或腹部起伏情况,测量30秒,了解呼吸频率、节律、幅度和类型等。

④ 测量血压:协助老年人取坐位或卧位,保持血压计零点、肱动脉与心脏处于同一水平线;对需要长期观察血压的老年人,血压测量做到“四定”,即定时间、定部位、定体位、定血压计[①]。

四、操作步骤

1. 测量体温

(1) 腋温。测量腋温的操作步骤如下:① 评估老年人的身体状况,确定老年人的实际体温在30分钟内没有受到影响,如没有进行物理降温、热水浴、运动、进食等。② 向老年人解释操作目的和操作内容,征得老年人同意与合作。③ 备齐腋温计、体温记录单、消毒液容器,检查腋温计有无破损、水银柱是否在35℃以下。④ 协助老年人解开胸前衣扣,擦干腋下汗液。⑤ 将腋温计水银端放在老年人腋窝深处并贴紧皮肤,协助老年人屈臂过胸,用其上臂将腋温计夹紧;必要时托扶老年人手臂,以免腋温计移位或掉落。⑥ 5～10分钟后,取出腋温计,读取体温值。读取方

① 周芬华、潘卫群:《养老护理(医疗照护)》,上海科学技术出版社2019年版,第116页。

法为一手横拿腋温计尾部(远离水银柱的一端),手不可触碰水银端,使眼与腋温计刻度保持在同一水平线上,然后慢慢地转动腋温计,从正面看到粗的水银柱时就可读出相应的体温值。⑦ 帮助老年人扣好衣扣,整理床单位。⑧ 洗手后记录体温,有异常情况应及时报告,按要求对腋温计进行消毒。

(2) 口温。测量口温的操作步骤如下:① 准备工作参照腋温测量。② 将口温计、体温记录单、纱布、消毒液容器等物品带至老年人床边,检查口温计有无破损、水银柱是否在35℃以下,让老年人张口,将口温计水银端斜放于老年人舌下(舌系带两侧),叮嘱老年人紧闭口唇,用鼻呼吸,勿用牙咬口温计,计时3分钟。③ 3分钟后,取出口温计并用消毒纱布擦拭干净后读取体温值,读取方法及后续步骤同腋温测量。

(3) 肛温。测量肛温的操作步骤如下:① 准备工作参照腋温测量。② 备齐肛温计(无破损,水银柱在35℃以下)、棉签、石蜡油、体温记录单、纱布、消毒液容器等物品并带至老年人床边。③ 保持环境安静、整洁,室温适宜,以22～24℃为宜。④ 协助老年人取侧卧位、屈膝仰卧位或俯卧位,露出臀部。⑤ 先用棉签蘸取石蜡油涂在肛温计水银端(起润滑作用),再将肛温计的水银端轻轻插入老年人肛门,深度为3～4厘米。⑥ 注意让老年人保持测量体位,以防肛温计被折断,计时3分钟。⑦ 3分钟后,取出肛温计,用消毒纱布擦拭干净后读取体温值,读取方法及后续步骤同腋温测量。

2. 测量脉搏

(1) 向老年人解释操作目的和操作内容,征得老年人同意与合作。

(2) 叮嘱老年人保持安静,手臂放于舒适位置,手腕伸展。

(3) 将食指、中指、无名指的指端按压在老年人的桡动脉上测量,偏瘫老年人选择其健侧桡动脉进行测量。

(4) 看表计数30秒,所得数值乘以2,得出每分钟脉搏跳动次数,记录数值。

3. 测量呼吸

(1) 向老年人解释操作目的和操作内容，征得老年人同意与合作。

(2) 观察老年人胸部和腹部的起伏情况，看表计数 30 秒，一呼一吸为 1 次，所得数值乘以 2，得出每分钟呼吸数，记录数值。

4. 测量血压

(1) 向老年人解释操作目的和操作内容，征得老年人的同意与合作。

(2) 协助老年人取舒适体位(坐位或仰卧位)。

(3) 协助老年人上拉衣袖，露出上臂(衣袖过紧时需要脱掉袖子)，手掌向上，肘部伸直，偏瘫老年人选择其健侧手臂进行测量。

(4) 打开血压计开关，检查血压计是否完好，如水银有无漏出、橡胶管是否漏气等。

(5) 保持血压计零点、肱动脉与心脏处于同一水平线，驱尽袖带内空气，将袖带平整地缠于老年人上臂中部，袖带下缘距离肘窝 2～3 厘米，袖带松紧以能放入一指为宜。

(6) 戴好听诊器，用手触到肱动脉搏动后，一只手持听诊器的胸件，放置于肱动脉搏动处，稍加压固定(胸件不可塞在袖带以下)，另一只手关闭气门并在袖带内充气至所需高度(打气平稳，其高度以肱动脉搏动音消失后再升高 20～30 mmHg 为宜)，松开气门使水银柱慢慢下降，双眼注视水银柱所指刻度的同时注意听肱动脉搏动音。听到第一声搏动音时，水银柱所指刻度数值为收缩压；声音突然变化或消失时，水银柱所指刻度数值为舒张压。若听不清或有异常情况，应间隔 1～2 分钟后重新测量。

(7) 取下袖带，排尽余气，协助老年人穿好衣服，取舒适体位。

(8) 将袖带整理好并放入盒子内，将血压计盒盖向右倾斜 45°，使水银流回槽内，关闭水银槽开关，盖好血压计。

(9) 洗手并做好记录。

五、操作流程图

1. 测量体温

测量体温操作流程如图 9－5 所示。

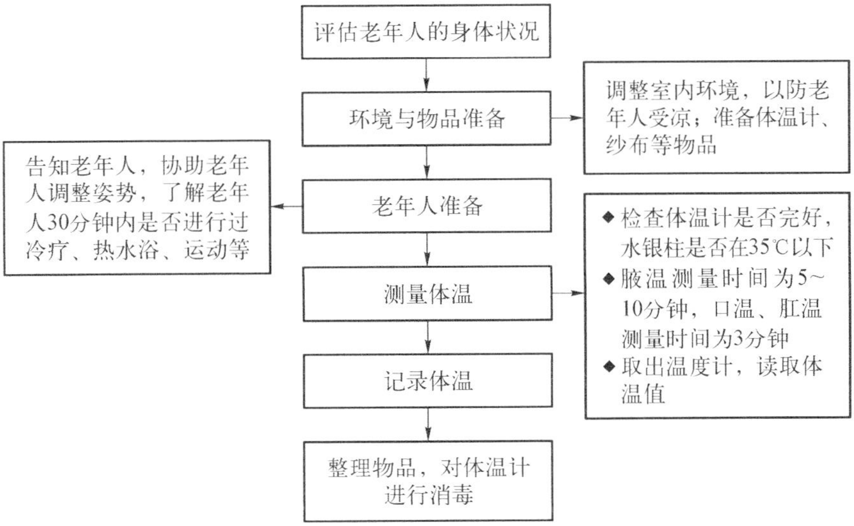

图 9－5 测量体温操作流程

2. 测量脉搏与呼吸

测量脉搏与呼吸的操作流程如图 9－6 所示。

3. 测量血压

测量血压的操作流程如图 9－7 所示。

六、注意事项

1. 测量体温

（1）老年人在测量体温前避免喝热饮或冷饮、剧烈运动、洗澡、情绪激动等，应安静休息 30 分钟以上。

（2）甩体温计时，应注意勿触及他物，以防体温计破碎。

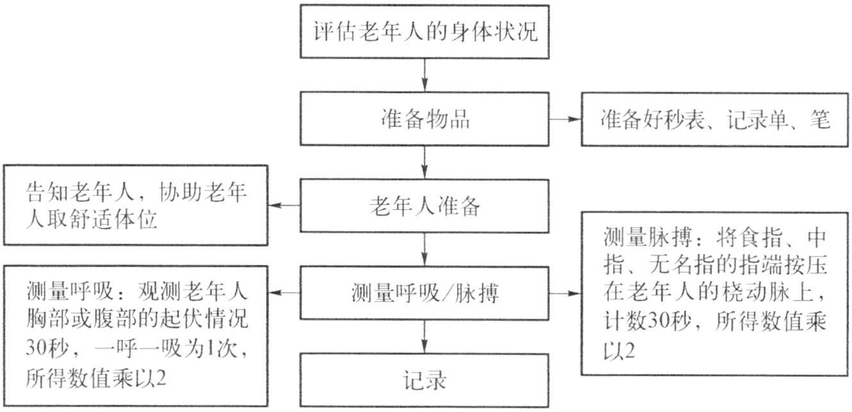

图 9-6　测量脉搏与呼吸的操作流程

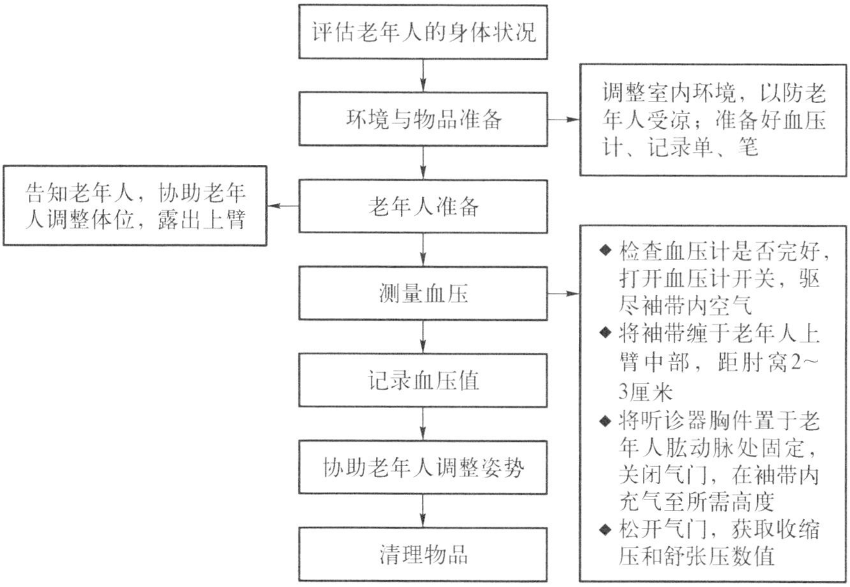

图 9-7　测量血压的操作流程

(3) 测量时告知老年人如果体温计滑落或移位，应保持原体位不动，及时通知护理服务人员寻找，避免体温计破碎误伤老年人。

(4) 一旦发现体温计破碎而造成水银外流，护理服务人员应立即采取安全的处理方法，如戴手套用硬纸板等工具将水银收集聚拢，放入密闭包装中,室内及时开窗通风,切不可使用拖把或抹布去擦水银,否则会加快水银蒸发,引起汞中毒。

2. 测量脉搏与呼吸

(1) 当老年人呼吸微弱不易观察时,可用少许棉花置于老年人鼻孔前,观察棉花纤维被吹动的次数,计时 1 分钟。

(2) 测量脉搏和呼吸时,若察觉老年人的脉搏和呼吸异常,应直接测量 1 分钟。

(3) 不可用拇指测量脉搏,以免拇指小动脉的搏动与老年人的脉搏相混淆。

(4) 偏瘫老年人测量脉搏时,应选择其健侧肢体。

3. 测量血压

(1) 若老年人活动刚结束,则应等老年人休息 20 分钟后再为其测量血压。

(2) 测量血压时,老年人应取舒适体位,情绪稳定,无憋尿、疼痛等不适。

(3) 第一次测量血压时,若不是偏瘫老年人,最好测两侧上肢,以便进行对照。

(4) 若所测血压异常,应重复测量两三次,取最低值。

(5) 避免在偏瘫侧、血透动静脉瘘侧肢体测量血压。

(6) 血压计应定期检测校正。

第六节　吸　　氧

一、定义

吸氧是指通过给护理对象吸入高于空气中氧浓度的氧气,改善其缺氧症状、促进其组织代谢的一种治疗方法。

二、目的

给老年人吸氧的目的是提高老年人血氧含量，改善缺氧症状，减轻心肺负担，缓解呼吸困难。

三、护理要求

(1) 尊重老年人的意愿，评估老年人的身体状况。

(2) 态度和善，有耐心。

(3) 操作得当，体现专业性：① 评估老年人的病情、呼吸状态、缺氧程度、鼻腔情况；② 遵医嘱，选择合适的氧疗方法，调节合适的氧流量，密切观察氧疗效果；③ 向老年人及其家属强调不能自行调节氧流量；④ 使用氧气时，应注意环境安全。

四、操作步骤

(1) 准备氧气吸入装置、流量表、湿化瓶、吸氧管(双管头)、弯盘、小药杯(内装 20 毫升灭菌蒸馏水)、棉签、扳手等用具。

(2) 准备氧气筒。其步骤如下：① 将氧气筒置于架上或平放于地面上，用扳手夹紧总开关旋钮逆时针旋转，打开总开关，使少量氧气从气门冲出，起到清洁气门的作用，随即关上总开关；② 将氧气压力表的螺帽与氧气筒的螺丝接头衔接，装上氧气压力表；③ 安装湿化瓶，瓶内装 1/2～2/3 满的蒸馏水；④ 打开总开关和流量调节阀，检查氧气流出是否通畅、全套装置是否漏气，关闭流量调节阀，将氧气瓶推至老年人床旁待用。

(3) 向老年人解释操作目的和操作内容，征得老年人同意与合作，协助老年人取舒适体位。

(4) 检查老年人鼻孔是否通畅、鼻中隔有无偏曲，取棉签蘸蒸馏水或冷开水清洁、湿润老年人的鼻腔。

(5) 连接吸氧管与氧气流量表出口接头，检查氧气管路是否通畅。检查方法如下：打开流量调节阀后，左手将吸氧管头贴近面部，感受是否有气流吹出；或者将吸氧管头放入装有灭菌蒸馏水或冷开水的杯中，观察是否有气泡冒出。

(6) 遵医嘱旋转流量旋钮，调节氧流量。

(7) 将吸氧管双头插入老年人双侧鼻孔，导管绕过老年人双耳至下颌处锁住或至头顶锁住，固定吸氧管。

(8) 询问老年人感受，记录吸氧的开始时间、氧流量，观察并记录吸氧效果。

(9) 老年人缺氧症状改善后，应遵医嘱停止吸氧。停止吸氧的步骤如下：摘下氧气管，关闭流量调节阀，关闭氧气筒总开关，打开流量调节阀，放尽余气。

(10) 若老年人无不适，则整理用具，结束本次操作。

五、操作流程图

吸氧操作流程如图 9－8 所示。

六、注意事项

(1) 在给老年人戴吸氧管前，应调节好氧流量，以免损伤老年人的鼻黏膜。

(2) 停用氧气前，要先摘下吸氧管，后关闭氧流量调节阀，以免影响老年人呼吸。

(3) 为老年人清洁鼻孔时可使用多个棉签，以清洁干净为准，不可用同一棉签清洁双侧鼻孔。

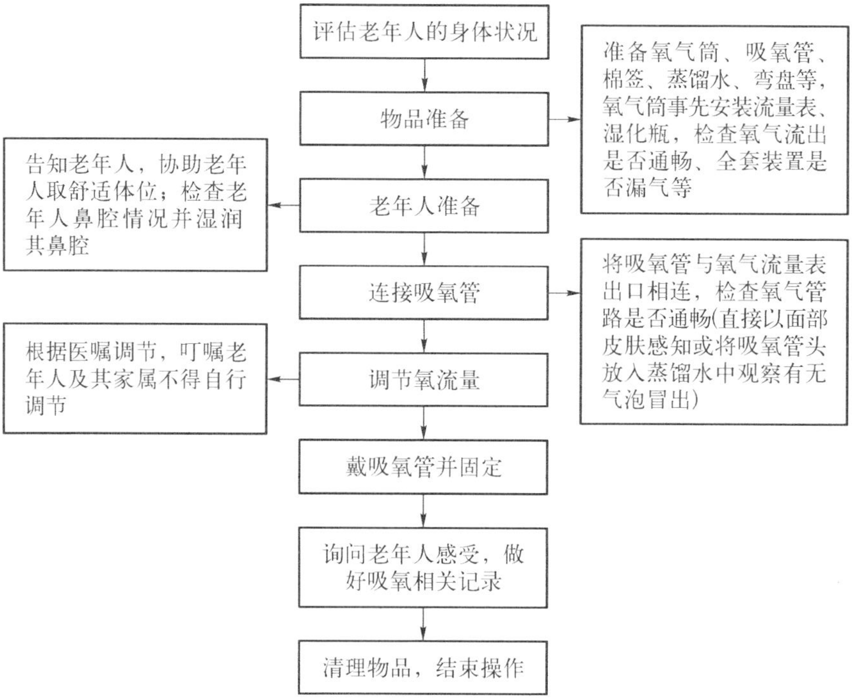

图 9－8　吸氧操作流程

(4) 向老年人及其家属强调不能自行调节氧流量，以免引起缺氧或二氧化碳潴留。

(5) 注意用氧安全，切实做好防震、防火、防热、防油。

第七节　灌　　肠

一、定义

灌肠是指遵医嘱，将灌肠液经护理对象肛门灌入其肠道，以软化粪块、促进排便、清洁肠道。

二、目的

灌肠的目的是刺激老年人肠蠕动、软化粪块、缓解便秘、排除肠内积气、减轻腹胀；稀释和清除肠道内有害物质、减轻中毒症状。

三、护理要求

（1）尊重老年人的意愿，评估老年人的身体状况。

（2）态度和善，有耐心。

（3）操作得当，体现专业性：① 评估老年人的意识、情绪和配合程度，了解老年人有无灌肠禁忌证；② 根据医嘱选择灌肠液类型，确定灌肠液温度，以通便为目的时，温度以 39～41℃为宜；③ 注意保护老年人的隐私，避免老年人受凉；④ 灌肠时注意观察老年人的反应，根据灌肠目的叮嘱其保持适当时间再排便，并观察老年人大便性状。

四、操作步骤

（1）评估老年人的身体状况、排便情况、肛周皮肤情况。

（2）准备好灌肠袋、灌肠液、一次性护理垫、石蜡油、弯盘、卫生纸、一次性手套、便盆、输液架、屏风等。

（3）向老年人解释操作目的与操作内容，征得老年人的同意与合作。

（4）将物品带至老年人床旁，查对，请无关人员离开，关闭门窗，用屏风遮挡老年人，叮嘱老年人排尿。

（5）协助老年人取左侧卧位，将裤子脱至膝部，双膝弯曲，将臀部移至床沿，将一次性护理垫垫于臀下，弯盘置于臀旁，盖好被子，只露出臀部。对于不能自行排便的老年人，可协助其取仰卧位。

（6）将一次性灌肠袋引流管上的开关关闭，将准备好的灌肠液倒入灌肠袋内，灌肠袋挂于输液架上，液面距老年人肛门 40～60 厘米。

(7) 戴上一次性手套,用石蜡油润滑肛管前端,排尽管内气体,夹闭引流管。

(8) 左手分开老年人臀裂处显露肛门,右手将肛管轻轻插入直肠(深度为 7～10 厘米),然后左手固定肛管,右手打开开关,使液体缓缓流入,观察老年人的反应。

(9) 若液体流入受阻,可移动或挤压肛管,检查有无粪块阻塞。若老年人有便意,指导老年人深呼吸,同时适当调低灌肠袋,减慢流速。

(10) 待液体将要灌完时,关闭开关,用卫生纸包住肛管,快速拔出,连同灌肠袋一起放入污物桶。擦净肛门,嘱咐老年人平卧,尽可能忍耐 10 分钟后再排便,以利于粪便软化。对于不能下床的老年人,应协助其在床上排便。

(11) 帮助老年人穿好裤子,整理床单位,协助老年人取舒适卧位。

(12) 打开门窗,撤去屏风,倒掉粪便,分类整理物品;洗手并记录灌肠结果。

五、操作流程图

灌肠操作流程如图 9 - 9 所示。

六、注意事项

(1) 充分润滑肛管,插管动作要轻柔,叮嘱老年人深呼吸。对有肛门疾患的老年人进行灌肠时更应小心,以免损伤老年人的肠黏膜。

(2) 禁止对急腹症、消化道出血的老年人进行灌肠;肝性脑病患者禁用肥皂水灌肠;充血性心力衰竭和水钠潴留患者禁用生理盐水灌肠;伤寒患者灌肠量不超过 500 毫升,液面距肛门不超过 30 厘米。

(3) 灌肠过程中注意观察老年人的反应,灌肠速度不可过快。若老

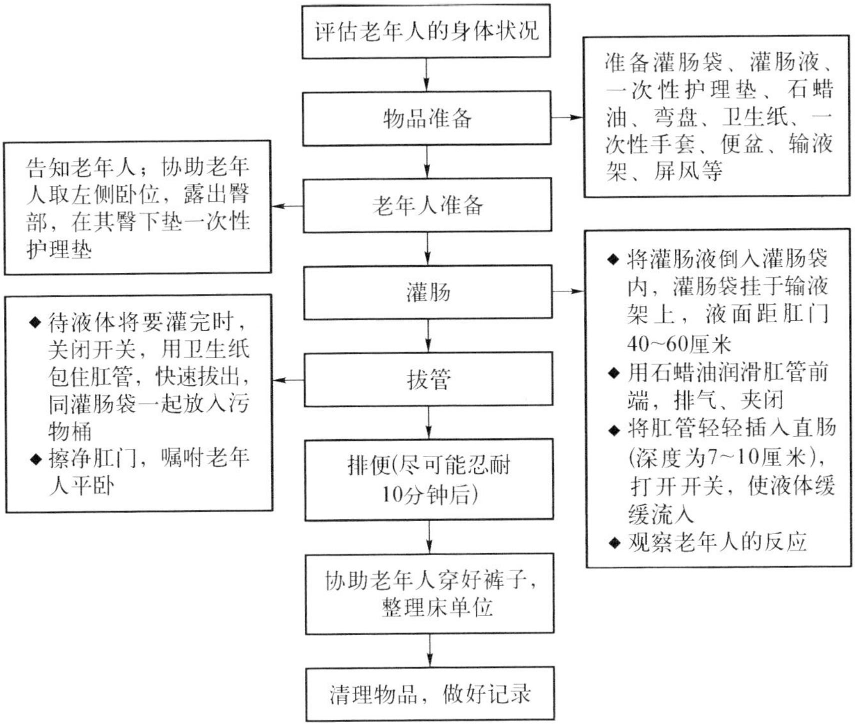

图 9－9　灌肠操作流程

年人出现脉搏加快、面色苍白、出冷汗、剧烈腹痛、心悸气促等症状，应立即停止灌肠并报告医护人员及时处理。

第十章　康 复 护 理

康复护理是指护理服务人员在专业医生和康复治疗师的指导下，根据护理对象的身体功能障碍，有计划、有层次地开展一系列复健训练的护理活动。本章从康乐活动、活动保护、功能锻炼三个方面阐述养老机构常见的康复护理技术。

第一节　康 乐 活 动

一、康复健身操

1. 定义

康复健身操是指老年人在专业医生或康复治疗师的指导下，进行的以健身或康复为目的的肢体运动。

2. 目的

康复健身操可使老年人精神愉悦、心情舒畅，促进老年人身体机能恢复或延缓老年人功能衰退，增强老年人神经系统、运动系统的协调性和灵活性，提高免疫力，预防疾病。

3. 护理要求

（1）尊重老年人的意愿，评估老年人的身体状况。

（2）态度和善，有耐心。

（3）操作得当，体现专业性：① 动作幅度适中，提醒老年人避免关节过度扭转、大幅度身体屈曲、跳跃、头颈部快速运动。② 锻炼时间有规律，应选择在老年人体力较好的时段进行，并鼓励老年人持之以恒。③ 活动量与活动内容因人而异，结合老年人的身体机能、精神状况、活动能力、康复锻炼目标来选择康复健身操内容，确定活动时长和强度。可选择健肺操、脑卒中康复操、颈椎康复操、膝关节康复操等针对具体功能或部位的健身操[①]，也可以选择中国传统健身功法（如八段锦、易筋经、太极拳等）进行全身锻炼。

4. 操作步骤

（1）准备活动所需的物品，如毛巾、椅子等。

（2）保持环境整洁，地面无积水，活动场地无障碍物。

（3）了解老年人的情况，掌握康复健身操的要领。

（4）向老年人介绍康复健身操的做法和益处，征得老年人的同意与配合，协助老年人穿着宽松、舒适的衣服和防滑的鞋子。

（5）先带领老年人热身10～15分钟，然后为老年人示范康复健身操的做法，再带领老年人一起做，或者在旁辅导老年人进行锻炼，必要时给予帮助。

（6）与老年人沟通交流，了解其对康复健身操的掌握情况。

（7）记录老年人每次锻炼的内容和时间等，将锻炼计划和实施记录

① 朱小棠、井明鑫：《老年人康复护理》，海洋出版社2017年版，第108—109页。

进行存档。

5. 注意事项

(1) 锻炼前护理服务人员要评估老年人的身体状况。

(2) 室外锻炼应选择向阳、避风的地方,室内锻炼要注意通风,保持空气新鲜。

(3) 注意老年人运动的时间,避免其运动过度,造成身体二次损伤。

(4) 在老人锻炼过程中,护理服务人员应注意保护老年人的安全,随时观察老年人的反应。若发现老年人出现呼吸急促、心慌、面色苍白、出冷汗等症状,应立即停止活动,必要时报告医务人员。

二、认知功能训练

1. 定义

认知功能训练是指护理服务人员在专业医生或康复治疗师的指导下,针对患认知功能障碍的老年人制订一系列科学、合理的康复计划,通过多种途径,运用多种方法,促进老年人认知行为能力的提升。

2. 目的

认知功能训练的目的是促进老年人认知功能、行为能力的恢复与提升,增强老年人的自理能力。

3. 护理要求

(1) 尊重老年人的意愿,评估老年人的身体状况。

(2) 态度和善,有耐心。

(3) 操作得当,体现专业性:① 尊重、理解患认知功能障碍的老年人,在训练过程中要有耐心,及时鼓励、肯定老年人,不得嘲笑、嫌弃老年人;② 康复训练应有规律性和趣味性,难易适中,若难度过大,可能会打击老年人的信心,使老年人产生不良情绪;③ 依据认知功能障碍的程度和老年人的兴趣爱好制订个性化的训练项目；④ 老年人在训练中出现烦躁等情绪问题时，应尝试分析原因，如老年人是不是需要排泄、是不是感觉疲劳、是不是对活动不感兴趣等，并予以相应处理，不强求老年人完成训练任务。

4. 训练方法

(1) 记忆力训练。其训练方法如下：① 让老年人回忆当天参加的活动、吃过的食物、见过的人等，锻炼老年人的近期记忆[①]；回忆早年的工作、生活、家人朋友等，巩固长期记忆。② 在日常活动中安排简单的棋类、拼图、扑克等游戏，锻炼老年人的记忆力和思维能力。③ 通过图片、照片训练法锻炼老年人对人物、地点、色彩、日用品的识别和记忆能力。④ 护理服务人员念出没有规律的数字让老年人复述，或者先给老年人看几样物品，然后收起来让老年人回忆。

(2) 注意力训练。其训练方法如下：① 让老年人根据语音提示画出图形或写出数字等；在电脑上按要求完成适当的动作，如选出屏幕上出现的某个数字、眼神跟踪屏幕上某物体的活动轨迹。② 护理服务人员为老年人做动作示范，并加以语音提示，从视觉、听觉方面调动老年人的注意力。

(3) 定向力训练。其训练方法如下：① 通过房间内的日历、时钟、作息时间表等训练老年人的时间定向力。② 在老年人活动区域内贴上卧室、卫生间、收纳空间等标志，训练老年人的空间定向力。③ 在老年人的床头张贴老年人的自我介绍、照片，在卧室里摆放老年人的私人物品、家人照片等，以训练老年人的自我定向力。

(4) 思维训练。其训练方法如下：① 让老年人围绕某种物品或动物尽量说出一些与之相关的内容，如"猫有什么特征，会做哪些事"。② 让

---

① 朱小棠、井明鑫：《老年人康复护理》，海洋出版社 2017 年版，第 108—109 页。

老年人看报纸、听收音机、看电视等，帮助老年人理解其中的内容，并与其讨论这些内容。③ 让老年人进行数字排序、物品分类，如给老年人若干种类物品的图片，让其按类别进行分类。

(5) 计算能力训练。其训练方法如下：① 设计提升老年人计算能力的游戏，如数筷子，比较两堆筷子哪堆多。② 让老年人进行简单的消费账目计算，如购买日用品，计算花了多少钱，还剩多少钱。

5. 操作步骤

(1) 根据老年人的情况和医生给出的康复计划，制订适合老年人的训练方案，内容包括要达到的目标、训练内容、训练时间等。

(2) 全面评估老年人的身体状况、疾病程度，与老年人及其家属充分沟通，了解老年人的生活习惯、爱好。

(3) 选择老年人熟悉的、安全的环境，如老年人的卧室、客厅等，准备合适的训练用具，如玩具、认读卡片。

(4) 以缓慢的语速告诉老年人每一项操作的步骤，对每一步的具体动作加以分解，反复示范指导老年人练习，得到老年人的反馈后再开始下一个动作。

(5) 老年人的表现有进步时，护理服务人员要及时给予鼓励，并适当奖励，与老年人沟通康复训练的感受。

(6) 做好老年人训练的记录，包括训练完成的情况，老年人的特殊行为及其发生时间、持续时间长短、发生时的情景等。

6. 注意事项

(1) 为了避免有认知功能障碍的老年人走失，护理服务人员应为其提供安全、封闭的康复训练环境。

(2) 训练环境不可喧闹嘈杂，减少无关人员、噪声、光影等干扰。

(3) 随时观察老年人的反应，若老年人出现烦躁、疲劳等表现，应停止训练。

三、手工活动训练

1. 定义

手工活动训练是指护理服务人员根据老年人功能障碍的实际情况，有针对性地选择日常生活中的一些易学的项目对老年人进行训练，让老年人自己动手，以促进其功能的恢复。

2. 目的

手工活动训练的目的在于调节老年人的情绪，锻炼老年人的记忆力，提高老年人的手指灵活度，改善老年人的协调性，增强老年人的自理能力。

3. 护理要求

(1) 尊重老年人的意愿，评估老年人的身体状况。

(2) 态度和善，有耐心。

(3) 操作得当，体现专业性：① 活动类型多元化、具有趣味性，适合老年人参与；② 训练计划要有科学性；③ 坚持积极鼓励、老年人自愿参与的原则；④ 活动过程中保证老年人的安全。

4. 操作步骤

(1) 保持环境明亮、整洁、舒适。

(2) 确认老年人身体状况可参与活动，向老年人解释活动内容和活动目的，征得老年人同意与合作。

(3) 用具准备，多选用安全、经济的用具，如毛线、纽扣、开关等。

(4) 常见手工活动类型：① 日常生活类，如系鞋带、扣纽扣、拉拉链、开关灯、剥豆子等；② 布艺编织类，如绣十字绣、织毛衣、做绢花、穿珠子等；③ 艺术类，如画画、练习书法、剪纸、做陶艺和面塑等。

(5) 护理服务人员边示范边指导老年人。

(6) 根据老年人的表现给予语言鼓励和行为支持。

(7) 做好活动记录。

5. 注意事项

(1) 合理安排活动时间，最好不要超过1小时，以免老年人产生疲惫感。

(2) 选择活动方式时要考虑老年人的身体状况和实际能力。

(3) 选择的活动物品、道具要符合老年人的身心特点，保证老年人的安全。

(4) 若老年人出现厌烦情绪或身体不适，应立即停止活动，协助老年人休息。

第二节 活动保护

一、手杖使用

1. 定义

手杖使用是指一些护理对象因生理机能退化或受疾病影响，借助手杖来行走或进行转移的活动方式。

2. 目的

使用手杖的目的是帮助老年人保持身体平衡，减小下肢承重压力，缓解疼痛，改善步行功能，等等。

3. 护理要求

(1) 尊重老年人的意愿，评估老年人的身体状况。

(2) 态度和善，有耐心。

(3) 操作得当，体现专业性：① 严格遵从医生和康复治疗师对手杖的选择和对步行的要求，指导老年人使用手杖；② 老年人使用手杖行走前，要告知老年人使用手杖的注意事项；③ 锻炼时间要根据老年人的身体情况而定，不可过长；④ 看护老年人自己行走时，应与老年人保持适当的距离，必要时给予其帮助。

4. 操作步骤

(1) 保持活动环境整洁，地面平坦、无积水。

(2) 全面了解老年人的基本情况、疾病现状、活动能力，确认老年人有行走的意愿且身体状况允许。

(3) 选择合适的手杖(普通手杖、T 形手杖、三脚手杖、四脚手杖等)，调节手杖高度：穿平底鞋站于平地，两手自然下垂，取立正姿势，测出手腕部皮肤横纹处至地面的距离，即手杖的适宜高度。

(4) 查看手杖是否完好，如把手是否松动，手杖与地面接触的橡胶垫是否完好，调节手杖高度的卡扣是否锁紧，等等。

(5) 指导老年人手握住手杖把手，肘弯曲角度约为 150°，手杖下端着力点在同侧小脚趾前外侧 15 厘米处(也可用此方法确定适宜的手杖高度)[①]，老年人目视前方，保持身体直立行走。

(6) 手杖步行方法。

① 三点步行(见图 10－1)：健侧手持手杖，双脚并拢，将重心移到健侧

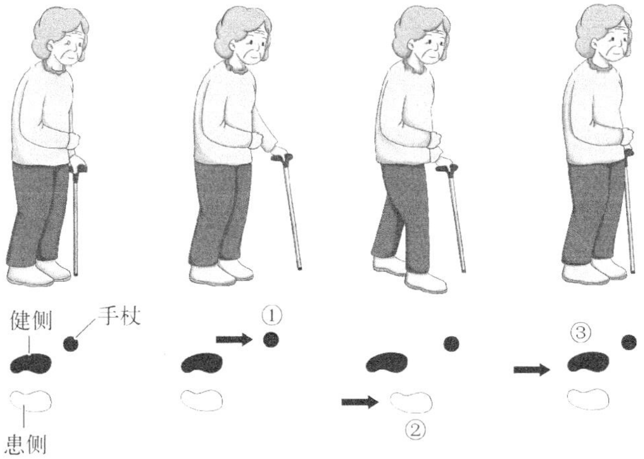

图 10－1　三点步行

① 蔡林海：《居家养老基础知识与照料护理技术实用指南》，上海科技教育出版社 2013 年版，第 212 页。

脚上，向前伸出手杖，先迈出患侧脚，再迈出健侧脚（手杖—患侧—健侧）。

② 两点步行（见图 10-2）：健侧手持手杖，双脚并拢，将重心移到健侧脚上，同时向前伸出手杖和患侧脚支撑体重，再迈出健侧脚，手杖与患侧脚作为一点，健侧脚作为一点，交替支撑体重（手杖、患侧—健侧）。

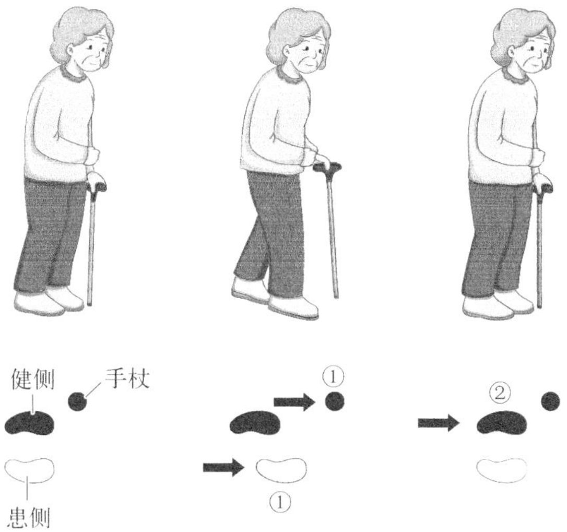

图 10-2　两点步行

③ 上楼梯（见图 10-3）：健侧手将手杖放在上一级台阶上，健侧脚迈上一级台阶，将重心移到健侧脚上，再迈出患侧脚（手杖—健侧—患侧）。

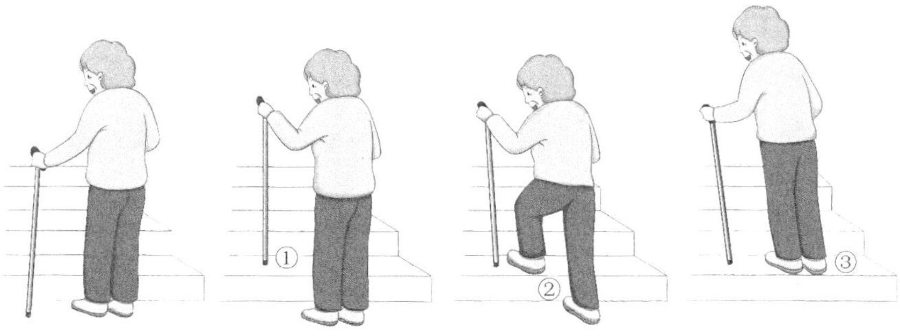

图 10-3　上楼梯

④ 下楼梯(见图 10－4)：健侧手持手杖下移到下一级台阶，患侧脚先下移，健侧脚后下移(手杖—患侧—健侧)。

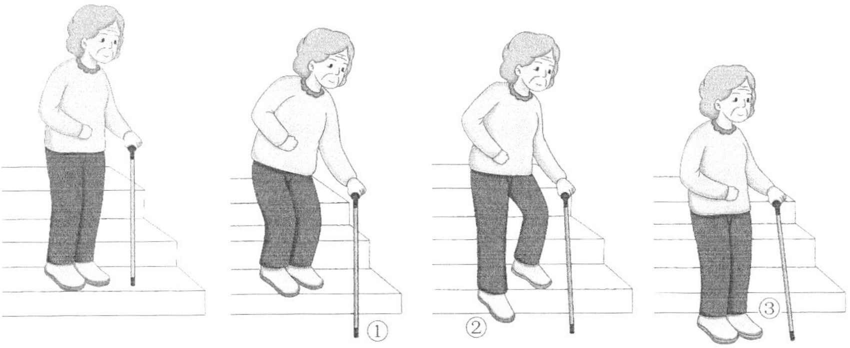

图 10－4　下楼梯

(7) 若老年人无偏瘫，护理服务人员应站在道路旁陪同老年人行走；若老年人有偏瘫，护理服务人员应站在老年人偏瘫肢体侧陪同其行走，老年人行走时护理服务人员可以拉住其腰带或特制的保护性腰带，防止老年人跌倒。

5. 注意事项

(1) 手杖应放置在老年人随手可以拿到的固定位置，手杖底端的橡胶垫应有足够的摩擦力和稳定性。

(2) 使用手杖时，老年人的着装应舒适、合身，鞋子应防滑。

(3) 在行走过程中，护理服务人员要观察地面有无水渍或有无妨碍行走的障碍物；若有，则应及时避开或清理。

(4) 在行走过程中，护理服务人员要避免拉拽老年人的胳膊，以免造成老年人跌倒、骨折。

(5) 随时观察老年人的反应，不应让老年人过于疲劳。

(6) 老年人在使用手杖锻炼时，护理服务人员不可随意离开；若有事，需要请旁人代为协助，避免老年人发生磕碰、跌倒等情况。

二、轮椅使用

1. 定义

轮椅使用是指一些护理对象因不能行走或行走困难而借助轮椅进行移动的活动方式。

2. 目的

使用轮椅的目的是帮助老年人移动，扩大老年人生活的范围，提升老年人的自理能力，便于老年人参与社会活动。

3. 护理要求

(1) 尊重老年人的意愿，评估老年人的身体状况。

(2) 态度和善，有耐心。

(3) 操作得当，体现专业性：① 对轮椅类型、用途等做详细了解，根据老年人的身体情况为其选择合适的轮椅；② 熟练掌握轮椅的使用方法，如轮椅如何打开与收起，如何上下坡、上下电梯等；③ 老年人使用轮椅过程中，每隔 30 分钟，护理服务人员要协助老年人站立或适当变换体位，避免臀部等接触轮椅的部位长时间受压造成压疮。

4. 操作步骤

(1) 保持环境整洁、宽敞，无障碍物。

(2) 了解老年人的身体状况和轮椅使用情况，确认老年人有活动的意愿且身体状况允许。

(3) 挑选适合老年人的轮椅。

(4) 检查轮椅是否完好，如轮胎的气是否充足、刹车是否灵敏。

(5) 打开轮椅，固定轮椅刹车，翻起轮椅脚踏板。

(6) 向老年人解释即将开始的转移过程，征得老年人的同意与合作。

(7) 搀扶或抱起老年人坐在轮椅上，老年人应尽量往轮椅后部坐，嘱咐老年人双手扶稳扶手，为老年人系好安全带，放下脚踏板，让老年人双脚置于脚踏板上，松开刹车，平稳行进。若有以下情况，注意操作方法，且需要提前告知老年人情况。

① 上坡。嘱咐老年人双手抓紧扶手，身体靠住椅背坐稳，护理服务人员身体前倾，用力向上推。

② 下坡。若有一定坡度，可以转动轮椅，和老年人一起背对前进方向，身体用力顶住轮椅，一边倒退一边缓慢下坡[①]。

③ 遇到沟槽。在沟槽前停下轮椅，护理服务人员脚踩轮椅后侧的脚踏杆或向下按把手，将轮椅的重心移至后轮上，抬起前轮，让前轮先越过沟槽，再放下前轮，抬起把手，让后轮越过沟槽。

④ 上下电梯。上电梯时，护理服务人员在前，轮椅在后，即轮椅以倒退方式进入电梯，进入电梯后固定轮椅刹车；下电梯时，在确定电梯停稳后，松开轮椅刹车，将轮椅推出电梯。

(8) 到达目的地后，应先固定轮椅刹车，再帮助老年人站起或转移到他处。

5. 注意事项

(1) 老年人每次乘坐轮椅的时间不可过长，轮椅的坐垫要舒适、透气，若坐垫有分散臀部压力的作用则更好。

(2) 驻车时选择平坦的地面，固定轮椅刹车。

(3) 天气寒冷时可用毛毯盖在老年人腿上，以保暖。

(4) 禁止突然前进和刹车，遇到障碍物或转弯时，要提前明确地告知老年人。

(5) 谨防瘦小的老年人从轮椅前侧滑下，或者被安全带勒住造成身体损伤，甚至窒息。

① 金晓燕：《老年生活照护》，中央广播电视大学出版社 2016 年版，第 124 页。

第三节 功能锻炼

一、站立、行走训练

1. 定义

站立、行走训练是针对护理对象生理机能退化、疾病造成的站立与行走功能障碍进行的运动康复训练。

2. 目的

站立、行走训练的目的是使老年人的骨骼、关节、肌肉得到锻炼，从而改善平衡能力，促进血液循环，维持、改善生理功能，增强自理能力，提高生活质量。

3. 护理要求

(1) 尊重老年人的意愿，评估老年人的身体状况。

(2) 态度和善，有耐心。

(3) 操作得当，体现专业性：① 在专业医生或康复治疗师的指导下为老年人制订科学、合理的训练计划；② 结合老年人的身体状况，合理安排训练时间，选择适当的训练方法；③ 训练计划应具有持续性、有效性。

4. 操作步骤

(1) 环境适宜，地面平整、无障碍物，温度适宜，保证安全。

(2) 全面评估老年人的身体状况、疾病程度，与老年人充分沟通。

(3) 准备毛巾、座椅、坐垫等用具，并根据老年人的具体情况准备手杖、步行车、轮椅等。

(4) 向老年人解释操作目的和操作内容，征得老年人同意与合作。

(5) 协助老年人在床边坐好。

(6) 根据老年人的身体状况选择适宜的站起来的方法，注意保护老年人的安全，确保老年人站稳，避免跌倒。

（7）根据老年人的身体状况协助老年人行走。

（8）若老年人体重过重或配合能力差，也可以用自制或购买的协助行走的保护性腰带帮助老年人行走。

（9）经常询问老年人有无不适，观察到老年人有气喘、心慌等异常情况时应立即安排其休息，或寻求医护人员帮助。

（10）及时做好训练记录。

5. 训练方法

下面以偏瘫老年人为例介绍训练方法。

（1）从坐位向站立位转换的方法。

① 正面扶托站立法：护理服务人员面向老年人站立，使老年人两脚向后回收并略微分开，老年人双手搭在护理服务人员肩部或在护理服务人员颈后交叉相握；护理服务人员屈膝，身体前倾，右腿伸到老年人两腿之间，抵住老年人患侧膝部，环抱老年人腰部或用双手抓住其腰带，将老年人向前上拉起，老年人同时用力完成抬臀、伸膝、站立动作；调整老年人站立位的重心，使其双下肢承重，维持站立平衡。

② 侧面扶托站立法：护理服务人员站于老年人的患侧，弯腰、屈膝，一只手臂置于老年人后背扶住其腰部或抓住其腰带，另一只手臂托住老年人患侧手臂；嘱咐老年人健足在后、患足在前，与护理服务人员同时用力完成抬臀、伸膝、站立动作；调整老年人站立位的重心，使其双下肢承重，维持站立平衡。

（2）扶持行走与独立行走活动的方法。

① 扶持行走活动：行走前先在扶持站立位下练习下肢的负重、屈伸和前后摆动，然后练习扶持行走。护理服务人员站在老年人患侧进行扶持，一只手握住老年人患侧手，掌心对着老年人的掌心，使其拇指在上，另一只手（靠近老年人患侧的手）扶在老年人腋下，与老年人一起缓慢向前步行。

② 独立行走活动：行走前先在平衡杠内进行健侧与患侧交替站立和行走、矫正步态、改善行走姿势等练习。老年人较好地完成了在平地上短程行走后，可适当增加上下坡、越过障碍物、提高步行速度等难度较高的训练和实用性步行训练。

(3) 上下楼梯活动：当老年人能够较顺利地完成平地行走、上下坡行走后，应开始进行上下楼梯练习，以健侧脚先上、患侧脚先下为原则。上楼梯时，老年人健侧手扶栏杆，护理服务人员站在老年人患侧后方，一只手扶住老年人患侧腰部，协助其健侧脚先上台阶、患侧脚后上台阶；下楼梯时，老年人健侧手扶栏杆，护理服务人员站在老年人患侧前方，一只手扶住老年人患侧腰部，协助其患侧脚先下台阶、健侧脚后下台阶。

6. 注意事项

(1) 老年人在站立、行走训练时要分步进行，不可操之过急，护理服务人员要加强对老年人的保护，避免老年人跌倒。

(2) 护理服务人员应根据老年人的身体状况选择适宜的转移方法和辅具，合理用力，减少不必要的体力消耗，避免对自己的关节、肌肉造成损伤。

二、床上移动训练

1. 定义

床上移动训练是根据护理对象的病情、肢体活动能力、年龄、体重，有无约束、伤口、引流管、骨折和牵引等情况，协助其在床上适度移动的训练方法。

2. 目的

床上移动训练的目的是防止老年人因长期卧床而出现压疮等并发症，促进老年人血液循环，增加老年人肌肉活动次数，增强老年人的活动能力，提升其生活自理能力。

3. 护理要求

(1) 尊重老年人的意愿，评估老年人的身体状况。

（2）态度和善，有耐心。

（3）操作得当，体现专业性：① 根据老年人的病情、肢体活动能力等，协助其在床上适度移动；② 避免拖、拉、拽等动作，保护局部皮肤，妥善处理各种管路；③ 做好安全保护措施，避免发生碰撞、坠床等事故。

4. 操作步骤

（1）向老年人解释操作目的和操作内容，征得老年人同意与合作。

（2）移动前要评估老年人的身体情况，注意检查有无引流管、牵引、骨折、手术伤口等。

（3）固定床脚刹车，若有引流管，则应固定和保护引流管。

（4）辅助老年人在床上进行适度的运动，若老年人身体状况允许，尽量以老年人自主活动为主，护理服务人员在旁协助。

5. 训练方法

（1）协助卧床老年人移向床头。

① 松开被尾，协助老年人去枕平卧，枕头横立于床头，避免老年人头部受伤。

② 使老年人环抱双臂并放于胸前（若老年人上肢可配合用力，则让其双手握住床头栏杆），协助老年人双膝屈曲，两小腿立于床上。

③ 一人协助移动：一名护理服务人员站在床旁，双脚分开，一脚在前一脚在后，一只手从老年人颈后伸到对侧腋下，另一只手托住老年人臀部；在用力将老年人身体抬起的同时，嘱咐老年人双脚用力蹬床面，一同向床头移动。

两人协助移动：两名护理服务人员分别站在床的两侧，交叉托住老年人颈部、臀部，或一人托肩颈、腰部，另一人托臀部、腘窝部，两人配合将老年人抬起移向床头。

④ 根据老年人需要放置软枕，将老年人头部置于枕上，协助老年人保持舒适卧位。

（2）协助卧床老年人移向床边。

① 松开被尾，协助老年人仰卧。

② 使老年人环抱双臂并放于胸前。

③ 一人协助移动：一名护理服务人员站在老年人床旁，将老年人的枕头移向近侧，慢慢将老年人头部移到枕头上；双脚分开，屈膝（降低重心，保持平衡），一只手从老年人颈后抱住对侧肩膀，另一只手经老年人臀下抱住对侧髋部，用力将老年人上半身移向近侧；再一只手经老年人臀下抱住对侧髋部，另一只手抱住老年人腘窝部位，将老年人下半身移向近侧，完成移动。

两人协助移动：两名护理服务人员分别站在床的两侧，将老年人的枕头移向床的一侧，慢慢将老年人头部移到枕头上；一人托住老年人肩颈、腰部，另一人托住老年人臀部、腘窝部，两人配合将老年人抬起移向枕头所在的一侧。

④ 协助老年人取舒适卧位或继续为老年人翻身，使其侧卧。

（3）协助卧床老年人翻身侧卧。

① 拉上对侧床挡，松开被尾，妥善安置各种导管。

② 使老年人环抱双臂并放于胸前，向右翻身时右臂在下左臂在上，向左翻身则与之相反。对于偏瘫老年人，护理服务人员协助其将头偏向健侧，健侧手拉住患侧手，双臂交叉环抱放于胸前。

③ 按协助卧床老年人移向床边的方法，将老年人移向近侧，然后护理服务人员到床的另一侧。

④ 协助老年人屈膝，两腿立于床面，护理服务人员一只手扶住老年人肩部，另一只手扶住老年人膝部（若为偏瘫老年人，则用手扶住老年人髋部，同时用肘部固定老年人患侧膝部），借助身体重心和膝盖、肩部两个支点的作用，协助老年人面向自己翻身侧卧。

⑤ 翻身侧卧后，协助老年人曲肘，一只手放于胸前，另一只手放于枕旁，下面的腿稍伸直，上面的腿弯曲，在老年人两膝间、背后、胸前放置软

枕，以扩大支撑面，然后拉上床挡。

6. 注意事项

（1）引导、鼓励老年人利用自己尚存的能力完成力所能及的动作，给予老年人必要的辅助。

（2）操作时要考虑偏瘫、肢体活动障碍、疼痛等情况，确保老年人的安全与舒适。

（3）遵循节约力气的原则，做好自我保护。

（4）移动老年人时避免拖、拉等动作，保护老年人局部皮肤，避免发生坠床等事故。

（5）护理过程中，密切观察老年人的情况，发现异常情况及时处理。

三、呼吸训练

1. 定义

呼吸训练是指为了保持护理对象呼吸道通畅，改善呼吸肌功能和肺、支气管通气功能，提高气体交换效率，促进排痰和痰液引流而进行的康复训练。

2. 目的

呼吸训练的目的是使老年人建立有效的呼吸方式，增强呼吸肌的肌力和耐力，改善呼吸功能，提升活动能力，调节心理状态。

3. 护理要求

（1）尊重老年人的意愿，评估老年人的身体状况。

（2）态度和善，有耐心。

（3）操作得当，体现专业性：① 根据专业医生和康复治疗师制订的训练计划，协助老年人训练；② 训练过程中密切关注老年人的身体状况，防止出现意外；③ 及时与专业医生和康复治疗师反馈老年人的训练情况，以便其对老年人的训练计划做相应的调整。

4. 操作步骤

（1）腹式呼吸法。

① 向老年人解释操作目的和操作内容，征得老年人同意与合作。

② 协助老年人取舒适的体位（坐位或卧位，初学时，半卧位较容易掌握），两膝半屈，在老年人膝下垫小枕头。

③ 指导老年人一只手放于上腹部以感受横膈和腹部活动，另一只手放于上胸部以感受胸部活动。

④ 指导老年人放松全身肌肉，吸气时用鼻缓慢吸入，尽力挺腹，使膈肌最大限度地下降，腹肌松弛，放于腹部的手感觉在向上抬起，放于胸部的手在原位不动，以抑制胸廓运动。

⑤ 呼气时用口呼出，上腹部向内回缩，同时收缩腹部，放于腹部的手感觉在下降，膈肌松弛，胸廓应保持最小的活动幅度。

⑥ 放松呼吸，重复前两步练习，可配合缩唇呼吸训练，每日训练两次，每分钟呼吸七八次，每次训练 10～20 分钟。

⑦ 熟练掌握后，可逐步增加训练次数和时间，使老年人逐渐习惯于平稳而缓慢的腹式呼吸。

⑧ 关注老年人的身体状况，若老年人在训练过程中出现不适症状，则应立即停止，必要时寻求医护人员帮助。

⑨ 做好有关记录。

（2）缩唇呼吸法。

① 向老年人解释操作目的和操作内容，征得老年人同意与合作。

② 指导老年人用鼻深吸气，同时紧闭嘴唇，心中默数“1、2”，并做短暂停顿。

③ 将口唇缩小（呈吹口哨样），将气体呼出，就像正在轻轻地吹蜡烛火焰一样，心中默数“1、2、3、4”。

④ 吸气与呼气时间之比为 1∶2 或 1∶3。

⑤ 尽量深吸慢呼，每日训练两次，每分钟呼吸七八次，每次训练 10～20 分钟，可配合腹式呼吸训练。

⑥ 关注老年人的身体状况，若老年人在训练过程中出现不适症状，则应立即停止，必要时寻求医护人员帮助。

⑦ 做好有关记录。

(3) 吹烛练习。

① 向老年人解释操作目的和操作内容，征得老年人同意与合作。

② 指导老年人取坐位。

③ 在桌上放上点燃的蜡烛，老年人嘴的高度应与烛火的高度一致，相距 20 厘米。

④ 指导老年人由鼻深吸气，同时紧闭嘴唇，然后缩唇对着烛火缓慢呼气，使火苗随气流倾斜又不至熄灭。

⑤ 逐渐增加老年人的嘴与烛火之间的距离(不超过 90 厘米)。

⑥ 做好有关记录。

5. 注意事项

(1) 在进行呼吸训练前，需要指导老年人全身放松，以消除紧张感，让老年人处于一个轻松的状态，降低耗氧量，减慢呼吸速度。

(2) 指导进行呼吸训练的老年人摄入高蛋白、高维生素、热量充足、易消化的食物，避免摄入过冷、过热或容易产气的食物，以防腹胀影响膈肌运动，进而影响呼吸训练的效果。

(3) 在指导老年人进行呼吸训练时，应观察其反应。若老年人在训练时或训练后出现头晕、目眩、胸闷、呼吸困难加重等症状，应适当缩短练习的时间，使老年人逐渐习惯于在日常生活中进行腹式呼吸。

(4) 在指导老年人进行呼吸训练的过程中，也应指导其进行全身锻炼。全身锻炼结合呼吸训练能有效改善老年人的呼吸功能，提高呼吸运动效率，提升整体活动能力，促进康复。

(5) 吹烛练习时要注意安全,防止烫伤老年人或引燃他物。

四、尿失禁功能训练

1. 定义

尿失禁功能训练是针对护理对象尿失禁的情况,制订合理的训练计划,通过对其盆底肌、膀胱等功能的锻炼,改善尿失禁症状的训练方法。

2. 目的

尿失禁功能训练的目的是缓解老年人尿失禁,促进老年人正常排尿,舒缓老年人的心情,提高老年人的生活质量。

3. 护理要求

(1) 尊重老年人的意愿,评估老年人的身体状况。

(2) 态度和善,有耐心。

(3) 操作得当,体现专业性:① 尊重、理解尿失禁的老年人,并教育、鼓励老年人正确对待尿失禁,主动参与、积极配合改善尿失禁症状的训练;② 应注意保持老年人皮肤清洁、干燥,预防压疮的发生;③ 在专业医生和康复治疗师的指导下协助老年人进行训练,经常向专业医生和康复治疗师反馈老年人的训练情况,以便及时调整训练计划。

4. 操作步骤

(1) 全面评估老年人的身体情况,了解老年人排尿的实际间隔时间和每天的饮水量等情况。

(2) 向老年人解释操作目的和操作内容,征得老年人同意与合作。

(3) 准备纸尿裤、干净衣服等物品。

(4) 在专业医生或康复治疗师的指导下选择训练方法。

① 盆底肌肉训练:适用于压力性尿失禁(打喷嚏、咳嗽、大笑甚至站立等引起腹压增大时,由于尿道括约肌弛缓、无力而出现的不自主的尿液渗漏现象)。护理服务人员可让老年人在不收缩下肢、腹部与臀部肌肉的

情况下自主收缩耻骨、尾骨周围的肌肉（会阴与肛门括约肌），每次收缩维持10秒，10次为1组，每日做3组。

② 尿意习惯训练：适用于急迫性尿失禁（有强烈的尿意，但不能由意志控制而出现尿液流出的现象）。训练应在特定的时间进行，如餐前30分钟、晨起或睡前，鼓励老年人排尿。例如，白天每3小时排尿一次，夜间排尿两次，根据老年人的具体情况进行调整，原则是逐渐延长排尿的时间间隔，以逐步增加膀胱容量[①]。

（5）记录操作过程，包括老年人每次排尿的时间、地点、反应等。

5. 注意事项

（1）不能因为老年人有尿失禁而减少水分摄入，应按时给老年人饮水。

（2）若老年人发生尿失禁的情况，应立即协助老年人更换干净的衣服、床单，并记录排尿时间和尿量。

（3）随时观察老年人的反应，发现异常情况立即停止训练，必要时寻求医护人员帮助。

五、吞咽训练

1. 定义

吞咽训练是针对有吞咽功能障碍的老年人，实施科学、合理的训练计划，促使其吞咽功能得到改善的康复训练。

2. 目的

吞咽训练的目的是改善老年人吞咽功能，促进老年人进食、进水，减少和防止误吸，提高老年人生活质量。

3. 护理要求

（1）尊重老年人的意愿，评估老年人的身体状况。

---

① 人力资源和社会保障部教材办公室：《养老护理员（高级）》，中国劳动社会保障出版社2019年版，第97页。

（2）态度和善，有耐心。

（3）操作得当，体现专业性：① 在专业医生和康复治疗师的指导下进行，早期介入，循序渐进；② 直接训练时要注意进食体位、食物形态、每口摄入食物的量等；③ 进食前指导老年人做口唇、肩颈、面颊、舌部肌肉运动，有助于老年人做好进餐前的心理、生理准备，也可将这些动作组合起来，让老年人在餐前进行训练。

4. 训练方法

（1）直接训练，即进食时采取的措施。

① 进食体位。老年人深坐在椅子上，背部伸直，双足平放在地面上，上身稍前倾，下巴微收。对于不能坐起的老年人，一般取上身与床面至少成30°角的仰卧位，头部前屈；对于偏瘫老年人，用枕头垫起其偏瘫侧肩部，使其头歪向健侧。

② 食物形态。本着先易后难的原则进行选择，容易吞咽的食物的特征是密度均匀，有适当的黏性，不易松散，不易变形，不易在黏膜上残留，如菜泥、蛋羹等。一般首选糊状食物，同时要兼顾食物的色、香、味与温度。

③ 食物在口中的位置。对于偏瘫老年人，应将食物放在其健侧舌后部或健侧颊部，这样有利于老年人吞咽食物。

④ 一口量。这是指最适于吞咽的每一口食物量，正常人为20毫升左右，但有吞咽障碍的老年人一般先以少量（3～4毫升）试之，然后酌情增加，前一口吞咽完成才能进食下一口。

⑤ 培养良好的进食习惯。指导老年人以均匀的速度进食、咀嚼、吞咽，能坐起来进食就不要躺着进食，能在餐桌上进食就不要在床边、床上进食。

⑥ 代偿性训练。这是吞咽时采用的一些姿势和方法，即改变食物通过的路径并运用特定的吞咽方法使吞咽变得安全。代偿性训练主要有侧

方吞咽、空吞咽、用力吞咽、点头样吞咽、低头吞咽等，可在专业人员的指导下进行训练。

(2) 间接训练，即对与进食—吞咽活动有关的肌肉组织进行功能训练。

① 头颈控制训练。老年人头颈的稳定性直接影响其口腔、颜面部的运动功能，因此，护理服务人员应经常协助老年人做头颈控制训练。其训练方法如下：身体朝前坐正，头部从正中开始，分别向前、后、左、右各方向做旋转运动，同时做提肩、沉肩运动，每个动作持续 5 秒再回至正中位。

② 口唇运动。可利用单音单字进行训练，要求老年人尽最大努力张口发 a、u、i 音；也可练习吹蜡烛、吹口哨、缩唇、微笑等动作，以促进口唇肌肉运动。若老年人口唇肌群无力，可用指尖或冰块叩击其唇周，或进行短暂的肌肉牵拉和按摩等。此外，还可以让老年人进行唇闭合力度训练，其方法如下：让老年人在闭合的两唇之间放置一压舌板，用两根手指将压舌板的两端向下压，训练过程中口唇应尽量保持闭合状态。

③ 颊肌运动。可以让老年人微张口后闭上，然后做鼓腮动作，随后轻呼气；也可让老年人做吸吮手指的动作，以收缩颊部与口轮匝肌，增强肌力。颊肌运动每日可进行两次，每次重复 5 遍。

④ 舌肌运动。指导老年人将舌头伸向前、后、左、右、上、下各个方向主动训练；或者用纱布包住老年人的舌头，用手轻拉，使老年人的舌头向各个方向被动运动。舌肌运动每天可进行 3 次。

⑤ 构音练习。指导老年人发出 pa、ta、ga、ka 音[①]，以分别锻炼口唇、舌体、咽部、喉部肌肉。

⑥ 咽部冷刺激。用棉棒蘸少许冰水，轻轻刺激老年人的软腭、舌根与咽后壁，然后嘱咐老年人做吞咽动作。冷刺激可提高吞咽的速度，增强

① 赛序波：《老年介护基本技术与家庭介护技巧》，中国协和医科大学出版社 2017 年版，第 79 页。

吞咽的敏感性，有效强化吞咽反射。

5. 注意事项

(1) 做吞咽训练时，若有食物梗在老年人咽部，要及时用手或勺柄等刺激其咽部，将食物挖出或呕出；若食物引起老年人气道梗阻，应立即实施海姆立克急救法，不可延误时机。

(2) 吞咽训练后做好口腔检查和口腔清洁，防止食物残留引起误吸。

(3) 颈部、下颌有运动障碍的老年人，不做相应的间接训练。

(4) 经常向专业医生或康复治疗师反馈老年人吞咽训练的情况，以便及时调整训练计划。

第十一章　心 理 护 理

由于生理功能衰退、离退休、丧偶、子女离家等，老年人容易出现各种情绪、心理问题，甚至出现严重的精神障碍。了解老年人常见的心理变化及其原因，加强对老年人的心理护理，是养老机构护理工作的重要组成部分，也对提升老年人心理健康水平和生活质量有着重要意义。本章主要从老年人常见的心理困扰、精神障碍以及生命终末期老年人心理需求出发，分析其产生的原因并提出护理对策。

第一节　老年人常见心理困扰及其护理

老年人常常受生理功能衰退、疾病等困扰，还必须努力应对社会角色改变、丧偶等生活事件，如果适应不良，常会出现负面情绪和心理问题，甚至出现严重的精神障碍。

一、老年人心理变化的影响因素

1. 生理功能

随着年龄的增长，老年人的各种生理功能逐渐衰退，尤其是脑细胞的萎缩、减少，神经递质功能的衰退，可能会导致精神活动能力减弱、反应迟钝、记忆力减退。同时，老年人的视听觉等感知觉也逐渐衰退。

2. 社会角色

退休后，老年人的社会地位和生活状态会发生变化，尤其是原来担任领导干部的老年人，伴随着权力的消失，他们也丧失了之前角色的情感、行为方式和社会联系。这些可能会使老年人无所适从、自我价值感降低，出现孤独、烦躁、愤怒、抑郁等情绪。

3. 家庭人际关系

老年人对家庭人际关系的依赖性更强。家庭成员间的矛盾、与子女之间的代沟、独居等都会对老年人的心理产生较大的影响。

4. 营养状况

营养不足尤其是神经组织缺乏营养的老年人，常有精神不振、乏力、记忆力减退、对外界事物不感兴趣等表现，甚至出现抑郁或其他精神、神经症状。

5. 睡眠障碍

有研究表明，绝大多数老年人存在入睡困难、夜间醒来次数多、早醒等睡眠问题，严重者会有睡眠障碍，从而引起注意力不集中、记忆力减退或出现烦躁、焦虑、易怒等情绪，甚至引发心理障碍和精神疾病。①

6. 疾病

脑血管疾病或一些全身性疾病可引起脑组织供血不足、脑功能减

① 化前珍、胡秀英：《老年护理学(第 4 版)》，人民卫生出版社 2017 年版，第 74 页。

退，使记忆力衰退加重，严重时可导致认知功能障碍。有些疾病会导致老年人生活不能自理，容易使老年人产生孤独、自卑、抑郁等心理问题。

二、老年人常见情绪困扰和心理问题

1. 焦虑

（1）定义。焦虑是指个体的内心感受到紧张不安，预测到似乎要发生不利情况而又难以应对的消极情绪体验。

（2）表现。处于焦虑情绪下的人多数眉头紧锁、表情紧张、在屋内来回走动、坐立不安且难以平静，有时甚至会全身发抖、身体运动功能不协调，在走动过程中频繁碰撞物品或在做事过程中反复出错。焦虑主要有如下方面表现：① 生理上，头晕心慌、胸闷气短、手脚出汗等；② 认知上，担心受伤或有大难临头的感觉等；③ 情感上，紧张不安、精神痛苦等；④ 行为上，不知所措、有退缩行为等。

2. 抑郁

（1）定义。抑郁是人们经常体验到的一种负面情绪，表现为沮丧、失望，缺乏愉快感和自信心，对人和事物的兴趣下降，等等。根据抑郁持续时间、严重程度与诱发因素等，我们可以鉴别抑郁情绪和抑郁症，前者是很多人都可能出现的情绪反应，后者则是一种有明确诊断标准的精神类疾病。

（2）表现。处于抑郁情绪下的人，在面对问题时倾向于悲观消极，在遇到挫折时多将责任归于自身，时常感觉到生活缺乏趣味和意义，认为生活变得没有生机甚至没有希望，难以体验到欢乐与开心的感觉，觉得自己过得不幸福，对自己的一生持相对否定的态度。

3. 悲伤

（1）定义。悲伤是个体在失落时所产生的心理状态和情感反应，是一种悲哀、愤怒和罪恶的主观感受。抑郁具有消极和无望的意味，而悲伤强调的是失落和痛楚。

(2) 表现。处于悲伤情绪下的人通常表现为忧愁、内疚、痛苦、孤寂、无助、绝望、退缩、自怜等，常叹气、哭泣、失眠和惊醒，部分人情绪非常不稳定，甚至出现失去理智的偏激行为(如自杀、自残)，生理上可能出现胸闷、头痛、无力、恶心、呕吐等症状。

悲伤情绪给人们带来的负性体验，一方面来自对失去的人和物的珍视，另一方面来自对自身未来的担忧和顾虑。除极度悲伤以外，人们也时常会有普通意义上的悲伤体验，如亲密关系的终止(失恋、离婚、丧偶)、重大的财产损失、长期的病痛折磨等。

4. 愤怒

(1) 定义。愤怒是指个体因需求得不到满足或有目的的行为受到挫折而产生的紧张、不快的情绪体验，包含敌对、怒意、委屈等感受。

(2) 表现。处于愤怒情绪下的人常表现为情绪激动，大发脾气，甚至与他人发生激烈冲突。部分老年人的认知观念较为保守，对社会环境变化的接受度较低，适应能力较差，容易受到外界环境和应激性事件的刺激而产生愤怒情绪。

5. 孤独

(1) 定义。孤独是一种封闭心理的反映，是个体感到自身和外界隔绝或受到外界排斥所产生的孤单苦闷的情绪。

(2) 表现。社交活动减少，感觉自己与世隔绝、孤立无援，容易产生压抑、悲观、失望的心理，甚至出现抑郁、绝望的情绪。

老年人远离工作环境，子女常常不在身边，部分老年人还因丧偶而失去对身心健康具有积极意义的亲密关系。在这种情况下，在家庭之外开展人际交往成为老年人群体排遣孤独情绪、满足心理需求的必要手段。

6. 性需求困扰

（1）定义。受社会文化、环境和自身因素的影响，一些老年人的性需求无法得到满足，从而产生情绪、心理或生理上的压力和困扰。

（2）表现。老年人仍然有性的需求，拥抱、接吻、爱抚等也是性生活的构成部分。令人满意的性生活能帮助老年人保持健康的生理和心理状态。由于性功能的衰退、社会观念的影响、私密性爱环境的缺乏、家庭成员的不理解和过多干涉等，一些老年人容易压抑自己的性需求，加上老年人的性心理也更加脆弱和敏感，如果得不到满足，就可能造成心理困扰，损害心理健康，有些老年人甚至采取不合适的方法满足自己的性需求。

三、养老机构的心理护理

1. 护理目标

积极与老年人沟通，尊重、陪伴、安慰老年人，引导老年人参与社交活动，支持老年人的自我调适和发展，对老年人的异常心理加以引导，增强老年人对生活的适应能力。心理护理的具体目标如下：① 为老年人提供良好的心理环境；② 丰富老年人的精神生活；③ 满足老年人的合理需要；④ 消除老年人的不良情绪；⑤ 增强老年人的适应能力。

2. 心理护理原则

（1）交往原则。心理护理是以良好的人际关系与人际交往为基础的。人际交往可以协调关系，满足需要，减少孤独感，增进感情；有利于护理工作的顺利进行，有助于老年人保持良好的心理状态。在交往中，双方要互相尊重，护理服务人员应起主导作用。

（2）服务性原则。心理护理同其他护理工作一样具有服务性，护理服务人员应以服务为宗旨，为老年人提供技术服务和生活服务，以满足老年人的心理需求。①

(3) 针对性原则。心理护理没有统一的模式。护理服务人员应当根据每个老年人在不同的年龄阶段或疾病阶段所出现的不同心理状态,给予其个性化的服务。护理服务人员在与老年人交往中,要善于观察、交流,启发老年人自述,必要时还可以使用心理评估等手段,及时了解老年人的心理状态。

(4) 启迪性原则。护理服务人员在为老年人提供心理护理时,应当运用心理学等相关学科的知识,对老年人进行身心健康教育,给老年人以启迪,以改变他们的认知,消除他们对目前生活状况、衰老、疾病等问题的错误观念,使他们更好地调节情绪、适应生活。

(5) 自我护理原则。自我护理是一种为了自己的生存与健康或让自己感到舒适所进行的自我实践活动,包括自我评估、自我预防、自我保健等。良好的自我护理是心理健康的表现,有助于老年人维持自尊、自信,满足自己的心理需求。因此,护理服务人员应帮助和指导老年人尽可能地进行自我护理。

(6) 早期预防原则。在护理工作中,护理服务人员应注意观察老年人的行为表现、个性特点,预测其可能发生的身心健康问题,尽早给予指导,预防问题的发生和发展。

3. 护理方法

(1) 一般性心理护理。这是养老机构中最基本的心理护理方法,适用于所有入住老年人。护理服务人员要同老年人建立和谐的关系,通过双方良好的交往,强化老年人的心理支持系统,为老年人创造良好的生活环境和护理环境;加强对老年人的健康教育,满足老年人的认知需求;鼓励老年人参与活动,发展自己的爱好和特长。一般性心理护理是每个护

① 余运英:《老年心理护理》,机械工业出版社 2016 年版,第 13 页。

理服务人员都应该做到的。

（2）支持性心理护理。这是指运用治疗性的语言，如鼓励、安慰、解释、指导、启发、支持和保证等，帮助老年人认识问题，改善老年人的情绪并矫正老年人的不良行为，通过老年人心理和生理的交互作用，维持老年人生理功能稳定，预防老年人身心疾病的发生。①

（3）技术性心理护理。这是指针对一些老年人的异常心理或行为，运用心理学的原理和方法帮助其进行心理调适。对老年人进行技术性心理护理要求护理服务人员掌握心理学专业知识。

4. 护理技巧

（1）语言表达技巧。

① 对老年人表达尊重。护理服务人员应主动与老年人打招呼、交谈，使用敬语，态度诚恳、亲切，保持目光交流；根据老年人既往的身份和习惯，有礼貌地称呼他们，切忌用床号来呼叫老年人；不要一边做事一边心不在焉地跟老年人说话，或者以高高在上的姿态跟老年人对话；及时鼓励和肯定老年人，而不要评判、否定老年人说的话，或者反复劝说老年人。

② 找到合适的话题。找一些老年人感兴趣或擅长的话题（如以往的成就、快乐时光、家人、兴趣爱好等）与其交流；谈到伤感的话题时应给予理解、安慰，必要时巧妙地转移话题；提问时应将封闭式和开放式提问相结合，提问尽量简单、明确。

③ 语言表达适合老年人的生理状况。老年人会出现不同程度的听力下降的情况，护理服务人员应与老年人面对面说话，以便老年人听清说话内容。与认知能力减退的老年人说话时尽量说简单的短句，句与句之间要有停顿。与老年人说话时音量要适中，老年人常常是声音轻了听不

① 蒋玉芝：《老年人心理护理》，北京师范大学出版社 2015 年版，第 81 页。

见，声音太大又因重振现象而感觉吵闹；音调可稍低，因为老年人的高频听力下降更为明显，这也是很多老年人不容易听到高频电话铃、门铃声的原因。

④ 选择适合交流的环境。老年人在嘈杂环境中不容易分辨语音和背景噪声，而且容易感到疲劳，注意力容易分散，这样的环境还会对老年人的情绪产生不良影响。因此，护理服务人员应为老年人创造一个安静的交流环境，讨论敏感话题时还要考虑环境的私密性。

（2）倾听技巧。

① 认识倾听的重要性。倾听是获取信息最直接、最有效的办法。对入住养老机构的老年人来说，护理服务人员的耐心倾听同时也满足了他们心理和社交的需求。护理服务人员的耐心倾听有助于老年人表达情绪、释放压力、获得满足和安慰，从而增强对护理服务人员的信任。

② 认真倾听老年人表达的内容。关注老年人言语的内容及内含的情绪表达、心理需求，及时给予老年人目光、表情或语言上的回应，以换位思考的方式理解老年人，不对老年人进行道德评判。倾听老年人说话时不要四处张望、心不在焉。

③ 身体姿势。身体姿势可以反映一个人的情绪状态和对谈话的态度。护理服务人员在倾听老年人说话时应上半身微微前倾，并保持与老年人的目光接触，这样有助于向老年人传达自己的真诚和自己对他们的关注。

④ 空间距离。空间距离是社交场合中人与人身体之间所保持的距离。空间距离不仅是人际关系密切程度的一个标志，而且是传达信息的一种途径。护理服务人员应根据场合、与老年人的熟悉程度、老年人的个性等因素，选择合适的空间距离，避免距离过远显得疏离，或距离过近使老年人感到不适、紧张。在进行心理疏导时，老年人往往对空间距离更加敏感，因此护理服务人员更应注意保持恰当的空间距离。

(3) 反应技巧。

① 重复。重复即复述老年人说的话。护理服务人员恰当地运用重复的反应技巧，有助于引导老年人表达自己的想法和感受，并让老年人感受到自己被倾听和关注。

② 澄清。澄清是将老年人说的一些模棱两可、不够完整的话进一步弄清楚[①]。例如，护理服务人员可以问“您的意思是……吗”“您刚才说……是吗”，以鼓励老年人表达情绪、观点。澄清有助于找出问题的症结所在。

③ 沉默。适当的沉默可以给对方充分的思考时间和调整的机会。护理服务人员以倾听、同理心的态度适时沉默，可以让老年人感到自己的心情得到了理解。

第二节　老年人常见精神障碍及其护理

一、焦虑症

1. 定义

焦虑症是以反复发作的惊恐不安或持久的焦虑为主要特征的神经症性障碍，常伴有自主神经系统症状和运动性不安等行为特征。[②] 焦虑症不同于焦虑情绪，但严重的焦虑情绪长期累积可引发焦虑症。

2. 临床表现

(1) 与处境不相称的痛苦情绪体验。其典型表现为对不确定的客观对象和具体而固定的观念内容感到恐惧、紧张、担忧、不安。

---

① 人力资源和社会保障部教材办公室：《养老护理员（高级）》，中国劳动社会保障出版社 2019 年版，第 123 页。

② 邓宝凤：《老年常见病照护》，中央广播电视大学出版社 2016 年版，第 241 页。

(2) 精神运动性不安。其表现为小动作增多、坐立不安、激动哭泣、来回走动,甚至奔跑喊叫,也可表现为不自主的震颤或发抖。

(3) 伴有身体不适感的自主神经功能障碍。例如,出汗、口干、嗓子发堵、胸闷气短、呼吸困难、心悸、双手震颤、厌食、便秘、面部发红或发白、恶心呕吐、尿急、尿频、头晕、全身尤其是两腿无力等。

(4) 焦虑症导致的病症。例如,慢性咽喉炎、口腔溃疡;肠易激综合征、结肠炎、慢性胃炎;神经性头痛、头晕、失眠、多梦;多汗、虚汗、盗汗、怕冷、怕风;心血管、消化系统神经症;颈部肌肉僵硬、关节游走性疼痛、幻肢痛;记忆力差、反应迟钝、神经衰弱;免疫力低下、易感冒。

(5) 焦虑症应排除以下情况:甲状腺功能亢进、心脑血管疾病等躯体疾病继发的焦虑;兴奋药物服用过量、药物依赖戒断后伴发的焦虑;其他类型精神疾病伴发的焦虑。

3. 护理目标

缓解、减轻老年人的焦虑症状,防止因焦虑症引起其他躯体或精神疾病,引导老年人健康生活。

4. 护理措施

(1) 评估老年人的焦虑程度,观察老年人的焦虑症状和一般情况。焦虑评估可选用焦虑自评量表(self-rating anxiety scale, SAS,见表11-1)。该量表由美国杜克大学的庄(Zung)于1971年编制,包含20个反映焦虑主观感受的项目,每个项目按症状出现的频率分为四级评分,其中15个正向评分,5个反向评分。评定的内容是自评者过去一周的实际感受。按照我国常模结果,SAS分界值为50分,分数越高,焦虑倾向越明显,49分及以下为正常,50～59分为轻度焦虑,60～69分为中度焦虑,69分以上为重度焦虑①。

① 余运英:《老年心理护理》,机械工业出版社2016年版,第105页。

表 11-1　焦虑自评量表

指导语：请选择最切合您最近一周来的感受的答案。

题　目	选　项			
	A	B	C	D
1. 我觉得比平常更容易紧张和着急(焦虑)	1	2	3	4
2. 我无缘无故地感到害怕(害怕)	1	2	3	4
3. 我容易心里烦乱或觉得惊恐(惊恐)	1	2	3	4
4. 我觉得我可能将要发疯(发疯感)	1	2	3	4
5. 我觉得一切都很好，也不会发生什么不幸的事(不幸预感)	4	3	2	1
6. 我手脚发抖打战(手足颤抖)	1	2	3	4
7. 我因为头痛、头颈痛和背痛而苦恼(头痛)	1	2	3	4
8. 我感到容易疲乏(乏力)	1	2	3	4
9. 我觉得心平气和，并且能安静地坐着(静坐不能)	4	3	2	1
10. 我觉得心跳得很快(心悸)	1	2	3	4
11. 我因为一阵阵头晕而苦恼(头晕)	1	2	3	4
12. 我晕倒过或觉得要晕倒(晕厥感)	1	2	3	4
13. 我呼气、吸气都感到很容易(呼吸困难)	4	3	2	1
14. 我手脚麻木和刺痛(手足刺痛)	1	2	3	4
15. 我因为胃痛和消化不良而苦恼(胃痛和消化不良)	1	2	3	4
16. 我常常要小便(尿意频数)	1	2	3	4
17. 我的手脚常常是干燥、温暖的(多汗)	4	3	2	1

续 表

题 目	选 项			
	A	B	C	D
18. 我脸红发热(面色潮红)	1	2	3	4
19. 我容易入睡,并且一夜都睡得很好(睡眠障碍)	4	3	2	1
20. 我常做噩梦(噩梦)	1	2	3	4

注:选项"A"表示没有或很少时间有,"B"表示小部分时间有,"C"表示相当多时间有,"D"表示绝大部分时间有或全部时间都有。表中数字表示各选项对应的分数。量表中20题的分数相加得到大概分数,再将各题分数与总分的原始分数分别乘以1.25,即得到各题分数与总分的标准分。

(2) 指导老年人学会放松。

① 呼吸放松法。人在焦虑时会出现心跳加速、呼吸加快等症状,而深呼吸可以使人减慢呼吸速度。护理服务人员可指导患有焦虑症的老年人采取深长的腹式呼吸,当一吸一呼时,腹部随之一起一伏。

② 肌肉放松法。一个人在面临压力时,容易咬紧牙关,此时不妨放松下颚,左右摆动一会儿,以放弛肌肉,缓解压力。护理服务人员也可叮嘱老年人做扩胸运动,因为许多人在焦虑时会出现肌肉紧绷的现象,从而引起呼吸困难,而呼吸不顺可能使原有的焦虑更严重。老年人还可尝试上下转动双肩,并配合深呼吸,举肩时吸气,松肩时呼气,如此反复数回。

③ 想象放松法。护理服务人员可指导患有焦虑症的老年人通过想象一些宁静、令人心旷神怡的画面或场景象(如想象自己躺在阳光普照的沙滩上,凉爽的海风徐徐吹拂),来放松身心、稳定情绪。

④ 音乐放松法。护理服务人员可让患有焦虑症的老年人聆听轻松、舒缓、柔和的音乐,使其放松心情,保持平静和愉悦。

(3) 为老年人进行心理疏导。

① 鼓励老年人树立信心。缺乏自信的人容易怀疑自己的能力，夸大失败的可能性，从而忧虑、紧张和恐惧。护理服务人员可采用鼓励、赞赏、分析等方法帮助患有焦虑症的老年人增强自信、减少自卑感、缓解焦虑。

② 进行积极的自我暗示。护理服务人员应告诉患有焦虑症的老年人避免总是用失败的教训来提醒自己，如"昨天我就是在这里摔倒的""我的病一定很严重"等，而要多用一些积极性的暗示，如"走稳些就不会摔倒了""只要我好好调养，身体一定会恢复的"等。

③ 转移注意力。在老年人心烦、紧张时，护理服务人员应给予视线、场景的变化或带领老年人参与活动等，以暂时转移老年人的注意力，缓解其焦虑。

(4) 保持睡眠充足。紧张常使人难以入眠，而睡眠越少，情绪就越容易紧张。睡眠充足是缓解焦虑的良方，护理服务人员可通过各种方式协助患有焦虑症的老年人改善睡眠(详见本章第三节)。

(5) 洗热水澡。热水有助于消除焦虑情绪。当我们紧张或焦虑时，流到四肢末梢的血液会减少。热水可促进血液循环，使身体得到放松。

(6) 加强社会支持。在可能的情况下争取老年人家属、朋友等的关照与支持，解决引起老年人焦虑的具体问题。

(7) 寻求专业帮助。必要时对患有焦虑症的老年人进行心理疏导、心理治疗或药物治疗。

二、抑郁症

1. 定义

抑郁症是指由各种原因引起的、长达两周或两周以上的以抑郁症状群为主要临床表现的精神障碍。老年期抑郁症泛指发生于老年人(≥60

岁)这一特定人群的抑郁症,包括原发性抑郁和见于老年期的各种继发性抑郁。狭义的老年期抑郁症特指60岁及以上的老年人首次发病的原发性抑郁。[1]

2. 临床表现

抑郁症的临床表现为情感低落、思维缓慢、语言减少与动作迟缓等。女性发病率高于男性。

(1) 情感低落。常表现为愁眉不展,心烦意乱,自我评价过低,自责或有内疚感,对前途悲观、失望,反复出现轻生的念头或有自杀、自伤行为,对日常活动丧失兴趣或无愉快感,情感低落有昼重夜轻的特点。

(2) 思维缓慢。思维迟缓、联想困难,自觉思考能力下降,对刺激反应迟钝,注意力集中困难,记忆力减退。

(3) 语言减少与动作迟缓。精力明显减退,有无原因的、持续的疲乏感,软弱无力,走路时行动缓慢,精神运动性迟钝或激越,语言少、声音低,经常独坐一处,不与他人交往,爱好和生活乐趣丧失,严重时可能会达到不吃不喝、不言不动的抑郁性木僵的程度。

(4) 其他。抑郁症发作时有时会出现恶心、心悸、胸闷、出汗等躯体症状,同时还伴有失眠、早醒或睡眠过多、食欲下降、体重明显减轻等症状。

3. 护理目标

(1) 缓解、减轻老年人的抑郁症状。

(2) 引导老年人积极、健康地生活。

(3) 患有抑郁症的老年人常有消极、悲观的念头,重者轻生厌世,护理服务人员应高度警惕并严加防范老年人自伤、自杀。

---

① 余运英:《老年心理护理》,机械工业出版社2016年版,第112页。

4. 护理措施

(1) 评估老年人的抑郁情况、生活自理能力，评估老年人有无自杀倾向。老年期抑郁症评估可使用老年抑郁量表(见表 11 - 2)。

表 11 - 2　老年抑郁量表[①]

指导语：请选择最切合您最近一周来的感受的答案。

题　目	是	否
1. 您对生活基本上满意吗？(否)		
2. 您是否已放弃了许多活动与兴趣？(是)		
3. 您是否觉得生活空虚？(是)		
4. 您是否常感到厌倦？(是)		
5. 您觉得未来有希望吗？(否)		
6. 您是否因为脑子里的一些想法摆脱不掉而烦恼？(是)		
7. 您是否大部分时间精力充沛？(否)		
8. 您是否害怕会有不幸的事落到您头上？(是)		
9. 您是否大部分时间感到幸福？(否)		
10. 您是否常感到孤立无援？(是)		
11. 您是否经常坐立不安、心烦意乱？(是)		
12. 您是否希望待在家里而不愿去做些新鲜事？(是)		
13. 您是否常常担心将来？(是)		
14. 您是否觉得记忆力比以前差？(是)		
15. 您觉得活着很惬意吗？(否)		

① 邓宝凤：《老年常见病照护》，中央广播电视大学出版社 2016 年版，第 250—251 页。

续 表

题　　目	是	否
16. 您是否常感到心情沉重、郁闷？（是）		
17. 您是否觉得像现在这样活着毫无意义？（是）		
18. 您是否总为过去的事忧愁？（是）		
19. 您觉得生活很令人兴奋吗？（否）		
20. 您开始一件新的工作很困难吗？（是）		
21. 您觉得自己的生活充满活力吗？（否）		
22. 您是否觉得自己的处境已毫无希望？（是）		
23. 您是否觉得大多数人比您强得多？（是）		
24. 您是否常为些小事伤心？（是）		
25. 您是否常想哭？（是）		
26. 您集中精力有困难吗？（是）		
27. 您早晨起床觉得很快乐吗？（否）		
28. 您希望避开聚会吗？（是）		
29. 您做决定很容易吗？（否）		
30. 您的头脑像往常一样清晰吗？（否）		

注：每个题目后括号内的回答表示抑郁，与其一致的回答得 1 分。0～10 分为无抑郁，11～20 分为轻度抑郁，21～30 分为中重度抑郁。

（2）生活护理。

① 晒太阳。阳光能刺激脑组织分泌使人体放松的神经递质，有助于改善情绪，预防和治疗抑郁症。经常（尤其是在日照时间较短的冬季）让老年人到户外晒太阳或在靠窗的地方坐一会儿，有助于预防和缓解抑郁症。

② 适当进行体育锻炼。目前国际上已有很多研究证明运动有抗抑

郁的效果，特别是对被确诊为轻度或中度抑郁症的患者，其中有氧运动最为有效[①]。运动作为一种健康的行为方式，在预防和对抗抑郁症方面具有成本低、简便易行、相对安全的优势，而且一旦固化为个体的行为习惯，可以产生持续、稳定的抗抑郁效果，通过社会心理机制、神经生物学机制等发挥治疗作用[②]。

③ 加强饮食营养。护理服务人员应给予患有抑郁症的老年人营养丰富、易消化、清淡的饮食，如牛奶、鸡蛋、豆制品、瘦肉、新鲜蔬菜与水果，叮嘱其少吃高糖食物。根据老年人的饮食习惯，提供能增进老年人食欲的食物。

④ 布置适宜的环境。老年人的住处应光线明亮，空气流通，整洁舒适，可布置颜色明快的壁画、鲜花，以调动老年人的积极情绪。

⑤ 促进睡眠。督促老年人养成合理的作息规律，白天适当活动，晚间避免过于兴奋、激动；老年人入睡前可用热水泡脚或洗热水澡，听助眠音乐；为老年人创造舒适、安静的入睡环境。

⑥ 培养兴趣爱好。培养或维持老年人的兴趣爱好，让老年人参与一定的活动、劳作，保持与他人的联系。

（3）心理疏导。

① 沟通交流。主动与老年人交流，及时了解老年人的心理与情绪状态、睡眠情况，鼓励老年人表达自己的想法、关注外界、融入集体生活。

② 引导正向思考。帮助老年人回顾自己的成就，以增加其正向的看法；协助老年人认清自身的认知、思考或行为习惯偏差，修正不合实际的目标；减少老年人对自己的负向评价。

③ 减轻心理压力。压力会使抑郁症状恶化。识别老年人压力产生的

---

① 何涛、袁琼嘉：《运动疗法对抑郁症影响的国内外研究热点与动态分析》，《中国康复医学杂志》2020 年第 2 期。

② 胡亮、韩雨晴：《运动抗抑郁的神经生物学机制研究新进展》，《陕西师范大学学报（自然科学版）》2019 年第 3 期。

情境，通过分解任务、生活支持、保持环境稳定等方法，减轻老年人的压力，缓解抑郁情绪；在老年人感觉最差的时段（通常在早晨）安排最少的任务。

（4）安全护理。

① 早期识别自杀的先兆。若老年人近期有自伤或自杀未遂的行为，出现焦虑不安、失眠、沉默或抑郁情绪突然“好转”，在危险处徘徊，反复交代重要的事情等状况，护理服务人员应提高警惕、加强防范。

② 提供安全的环境。加强对老年人房间的安全检查，做好危险品与药品管理，确保老年人服药到口，防止老年人藏药、吐药等。

③ 加强看护巡视。对于有强烈自杀企图的老年人，要安排专人全天看护，尤其是在凌晨和节假日等，要特别注意防范，同时寻求专业人员对其进行治疗。

（5）专业治疗。由专业人员介入，给予患有抑郁症的老年人心理治疗、行为指导、药物治疗等；按时、按量给老年人服药（抗抑郁药、镇静剂、安眠药、抗精神病药物），注意药物不良反应和毒性反应。

三、失眠症

1. 定义

失眠症是指在具备充分的睡眠机会和环境时，出现以失眠为主的睡眠质量问题。

2. 临床表现

（1）入睡困难。

（2）不能熟睡，睡眠时间减少。

（3）早醒，醒后无法再入睡。

（4）频频从噩梦中惊醒，自感整夜都在做噩梦。

（5）容易被惊醒，对声音或灯光等敏感。

（6）发病时间可长可短，短者数天可好转，长者可达数周、数月以上。

(7) 睡过之后精力没有恢复，感觉疲劳、反应迟缓、注意力不能集中、记忆力减退。

(8) 长时间失眠可导致神经衰弱和抑郁症。

3. 护理目标

缓解、减轻老年人的失眠症状，促进睡眠，提高老年人的生活质量。

4. 护理措施

(1) 心理疏导。

① 指导老年人了解有关睡眠的基本知识，改变对睡眠的不合理信念，如“我每晚一定要睡 8 小时以上”“我要在一小时内睡着”“失眠会严重损害我的身体健康”等，减少不必要的预期性焦虑反应。

② 鼓励老年人保持乐观、知足的良好心态，避免过于敏感、思虑太多，或因计较个人得失而心理失衡。

(2) 养成有利于睡眠的生活习惯。

① 鼓励老年人养成有规律的作息习惯，如准时上床、起床，保持正常睡—醒节律，减少午休时间。

② 为老年人创造良好的睡眠环境，如保持卧室清洁、安静，远离噪声，避开光线刺激，卧具舒适。

③ 建立有利于入睡的条件反射机制，如睡前半小时洗热水澡、泡脚、喝牛奶、进行放松训练等。

④ 晚餐不宜吃得过饱或过于油腻，避免睡觉前喝茶、饮酒或看情节紧张的电视节目。

⑤ 右侧卧位的睡姿有助于放松肌肉组织、消除疲劳，避免心脏受压，有利于胃内食物向十二指肠推动。

⑥ 白天适当进行户外体育锻炼。活动后有一定的疲劳感，这对睡眠有利，但运动量不宜过大，过度疲劳反而会影响睡眠。户外活动也有利于放松心情，从而改善睡眠。

(3) 中西医结合治疗,包括药物治疗、按摩、理疗等。

四、谵妄

1. 定义

谵妄是一种急性脑功能下降状态,伴有认知功能改变和意识障碍,以急性发作、病程波动、注意力和意识改变、认知障碍为主要特征。谵妄在老年人群中发生率较高,据统计,老年住院患者中,谵妄的发病率为25%～56%[①]。

2. 临床表现

(1) 老年人谵妄起病急,病程短,并可能在一天内变化多次。

(2) 临床表现以意识障碍为主,可能出现复杂多变的精神症状和各种异常行为,如定向障碍、记忆障碍、对周围事物理解判断障碍、思维混乱或不连贯,有视听幻觉和被害妄想症等,时有兴奋、不安、易激惹等,或嗜睡、缄默。其中,时间、地点定向障碍最突出,持续时间长短不等。

(3) 谵妄症状一般是夜间加重,待意识恢复后,会遗忘大部分出现过的症状,其临床表现与脑功能受损程度有关。

3. 护理目标

预防谵妄发生或降低谵妄严重程度,改善老年人的认知功能,预防谵妄引起的各类风险和并发症,如跌倒、坠床、拔管、继发感染、压疮等。

4. 护理措施

(1) 生活护理。

① 保持环境安静、空气流通、温度适宜,声音、动作轻柔,尽量减少对老年人的刺激。

---

① 化前珍、胡秀英:《老年护理学(第4版)》,人民卫生出版社2017年版,第174页。

② 注意做好老年人口腔护理、排泄护理和各类留置管护理，预防压疮、肺炎、泌尿系统感染等并发症。

③ 保证营养供给，为老年人提供高热量、高蛋白、高维生素饮食，以保证其营养供求平衡。对于不能自行进食的老年人，护理服务人员应耐心予以喂食。

④ 做好睡眠护理。由于谵妄症状易在夜间加重，因此夜间灯光应柔和、暗淡，防止老年人因光线黑暗而产生恐惧感；尽量减少人员活动、减少噪声，确保老年人睡眠充足，以促进其大脑功能恢复；注意夜间巡视，密切观察老年人的病情，必要时遵医嘱予以药物治疗。

（2）心理护理。

① 在谵妄老年人情绪稳定的时候，呼唤老年人的姓名，并告知老年人其所处环境、时间等信息，帮助老年人恢复定向力。

② 由老年人熟悉、喜爱的家人或护理服务人员陪伴和支持。

③ 避免给老年人施加压力，理解老年人在谵妄发作时因不能控制自己而说的话或做的事。

（3）安全护理。防止老年人因躁动或出现幻觉、意识障碍等而坠床、自伤，或强行拔除输液管、留置管等。

（4）对因治疗。及时、有效地发现谵妄的诱发因素，如基础疾病、治疗药物、身体内环境失衡等，协助老年人积极配合医生治疗原发病。

五、阿尔茨海默病

1. 定义

阿尔茨海默病是一种病因未明的原发退行性大脑疾病，多起病于老年期，潜隐起病，病程缓慢且不可逆，临床表现以智能损害为主。

2. 临床表现

根据病情严重程度，阿尔茨海默病一般分为以下三种。

(1) 轻度阿尔茨海默病：疾病的早期阶段，持续时间为1～3年或者更久。

① 很难想起近期发生过的事和说过的话，很难记住月份或日期，容易遗失物品，容易忘记和他人约好的事情，等等。

② 语言能力下降，找不到合适的词语表达自己的想法。

③ 空间定向不良，在原本熟悉的环境中也可能迷失方向。

④ 日常生活中的高级活动，如做家务、财务管理等出现困难。

⑤ 抽象思维能力和判断能力受损。

⑥ 情绪不稳定，情感较幼稚，易激惹、焦虑，缺乏耐心。

⑦ 人格改变，如对社交活动表现出冷漠的态度，对周围环境的兴趣减少，自私多疑，忽视个人形象和卫生，等等。

(2) 中度阿尔茨海默病：疾病的中期阶段，持续时间一般为2～5年。

① 完全不能学习和回忆新信息，远期记忆受损但未完全丧失。

② 注意力不集中。

③ 定向力进一步丧失，常去向不明或迷路，并出现失语、失用、失写、失认等症状。失认以不能识别面容最常见，如不认识亲人和朋友，甚至不认识镜子中的自己。

④ 日常生活能力下降，出现基本生活活动困难，如洗漱、进食、穿衣、大小便等需要别人协助。

⑤ 人格进一步改变，如兴趣范围更加狭窄，言语粗俗，无故打骂家人，缺乏羞耻感和伦理感，随地大小便，当众裸露身体，等等。

⑥ 行为紊乱，如无目的地翻箱倒柜、拾捡废品，无目的地徘徊，出现攻击行为，等等。

(3) 重度阿尔茨海默病：疾病的晚期阶段，持续时间一般为1～3年。

① 日常生活完全依赖他人帮助，大小便失禁。

② 智能趋于丧失，忘记自己的姓名和年龄，不能辨认人、地方和

物品。

③ 逐渐丧失行走的能力，大部分时间卧床，渐无自主运动，缄默不语，常因慢性躯体疾病、营养不良或并发的肺部感染等而死亡。

3. 护理目标

使老年人最大限度地保持记忆力和沟通能力，提升日常生活能力，减少问题行为，能较好地发挥尚存的功能，提高生活质量。

4. 护理措施

(1) 生活护理。

① 根据老年人认知功能障碍的程度，给予相应的生活支持和指导，让老年人尽可能自己完成简单的生活任务，或协助、带领老年人完成。例如，为老年人提供便于穿脱的衣服，把衣服按穿着顺序叠放，便于老年人自己穿衣；通过贴指示图标的方式引导老年人找到卫生间等区域、找到常用的物品；为老年人提供方便进食的食物、餐具；握着老年人的手一起完成梳头、洗脸等动作。

② 注意膳食营养，定时进食，最好让老年人与他人一起用餐。若老年人忘记自己已用餐，不停地想吃东西，护理服务人员可以将老年人已经用过的餐盘放在餐桌上或洗涤盆里，提醒老年人已用餐；也可以为老年人准备小份的水果、点心，或采取转移其注意力的方法。

③ 阿尔茨海默病患者有时无法理解或无法表达自己的不适，因此，护理服务人员应注意观察老年人的表现，进行相应的判断和处理，如是否需要排泄、有无疼痛感等，必要时请医务人员进行诊断。

(2) 心理护理。

① 保持生活环境熟悉、稳定，生活作息规律，使老年人感觉安全、可控，减少焦虑。陌生环境容易引起阿尔茨海默病患者不安和恐慌，因此，养老机构应尽量减少环境变化，有条件的机构可以鼓励老年人带自己喜欢的物品和家具。

② 关注老年人的能力和长处，给予老年人发挥其原有技能和特长的机会，及时表扬和肯定老年人在自理和适应方面的努力，引导老年人多参与社交活动。

③ 维护老年人的自尊，为其提供包容、无歧视的环境。2018 年上海市民政局、上海市财政局印发的《认知症照护床位设置工作方案（试行）》中要求：认知症照护床位所在区域统一使用“记忆家园”的名称；服务场所内不得出现敏感或歧视性用语，如“老年痴呆”“老年精神病”“失智”等。

④ 关爱、陪伴老年人，态度温和、耐心地与老年人交流，善于运用非语言沟通，如目光交流、抚摸等。

（3）康复护理。详见第十章第一节中“认知功能训练”相关内容。

（4）安全护理。

① 让老年人随身携带信息联系卡，以防老年人走失；老年人外出时，护理服务人员应注意看护、陪伴老年人，避免让老年人处于嘈杂的环境中以及人流量大、出口多的地方。

② 加强环境风险控制，避免老年人跌倒、烫伤、窒息、自伤或伤人。

③ 加强药物管控，避免老年人漏服药、服错药、重复过量服药。

④ 老年人出现激越行为时，护理服务人员应暂停正在进行的操作，予以安慰或等待，不要强迫老年人，必要时可道歉后退出房间。

第三节　终末期老年人心理需求与护理

一、生命终末期老年人心理变化与护理

1. 生命终末期患者定义

生命终末期（临终）患者是指诊断明确且病情不断恶化，现代医学不

能治愈且不可逆转的慢性疾病终末期，预计存活期为 3～6 个月的患者[①]。

2. 生命终末期老年人的心理变化

生命终末期老年人的心理一般会出现以下几个变化阶段。

（1）否认期。多数老年人在最初阶段对自己身患不治之症的结论持否认态度，认为这一结论是检查错误或者医生误诊所致，要求进一步检查或更换医生、医院。

（2）愤怒期。一些老年人在知道死亡即将到来后，会出现愤怒、怨恨的情绪，认为生活对自己不公平，遇事容易暴躁、不讲道理，将不满情绪发泄到家人及周围人身上，甚至不配合或拒绝治疗。

（3）协议期。逐渐接受死亡将要来临的现实，会提出种种“协议性”要求，希望缓解症状，想用最好的治疗方法以延长生命。有些生命终末期老年人认为许愿或做善事能扭转死亡的命运，有些老年人则对自己所做过的错事表示悔恨。

（4）抑郁期。病情恶化，老年人意识到死亡临近，疾病与治疗的痛苦、经济负担加重等原因使老年人情绪低落，出现淡漠、退缩、沉默、哭泣等反应。有的老年人会产生轻生念头，希望摆脱痛苦，减轻家人的负担；有的老年人希望有喜欢的人陪伴，开始考虑未尽事宜。

（5）接受期。经过努力和挣扎后，老年人的精神、体力极为疲乏，情绪变得平和、镇定，常处于嗜睡状态，对外界反应淡漠，静待死亡的到来。

以上 5 个阶段，具体到个人，可能没有明显的界限，顺序也可能会颠倒，甚至会重叠、反复出现；同时，也可能因周围人群的心理干预而出现不同的心理变化。

① 姚蕴伍：《老年疾病护理学》，浙江大学出版社 2017 年版，第 369—370 页。

3. 不同阶段的心理护理

(1) 否认期。这一阶段老年人可能已经知道自己的病情，但不愿从别人的口中得到证实，也不愿面对病情。因此，护理服务人员应满足老年人的心理需求，对老年人采取相应的回避态度，不必急于让老年人接受现实，以达到不破坏老年人防御心理的目的，但也不要有意欺骗老年人。根据老年人的接受程度，用不同的方法告知老年人实情，如可以试着让老年人抱有一丝生存的希望，也可用“渗透”的方法慢慢地告诉老年人。必要时可一直隐瞒。

(2) 愤怒期。视老年人的愤怒、生气为一种正常的适应反应，不可对老年人采取任何攻击性或指责性行为；应明白老年人的愤怒、生气不是针对护理服务人员，而是其对恐惧、无助、悲哀等负面情绪的一种发泄；为老年人提供宣泄的机会，适时采取聆听、沉默、触摸等应对方式，以平息老年人的怒气；对有过激行为的老年人，应采取安全措施，保护老年人和周围人的安全。

(3) 协议期。协议的过程是老年人自己内心与命运“讨价还价”的过程，是求生本能的体现。护理服务人员应给予老年人关怀和安慰，尽可能满足老年人的需求，引导老年人更好地配合治疗、减轻症状。

(4) 抑郁期。老年人已意识到生命即将走到终点，可能会以哭泣表达哀伤，但有些老年人会选择掩盖自己的情绪，尤其是男性老年人，更难公开袒露自己的哀伤情绪。护理服务人员应为老年人创造一个安静的环境，鼓励老年人表达情绪和想法，使老年人能顺利度过自己的死亡心理适应期；尊重老年人的意愿，让老年人有更多的机会和亲人相处。

(5) 接受期。这一阶段老年人已经从心理上和行为上完全接受了将要死亡的现实。护理服务人员应为老年人提供安静、明亮、舒适的环境，减少外界干扰，不强求老年人与其他人接触；尊重、陪伴老年人，并给予适当的支持，以维持老年人安静、祥和的心境；帮助老年人做好工作、家庭的安排，协助老年人完成未了的心愿，使老年人平静地度过生命的最后时光。

二、安宁疗护

1. 定义

安宁疗护又称临终关怀，是指为生命终末期患者及其家庭成员提供服务，旨在提升他们的生活质量和面对危机的能力的系统方法。安宁疗护通过对痛苦和疼痛的早期识别，以严谨的评估和有效的管理，满足患者及其家庭成员的需求（包括心理上的和精神上的）。[①]

2. 主要内容

2017 年，国家卫生和计划生育委员会（现国家卫生健康委员会）发布的《安宁疗护实践指南（试行）》中明确了我国安宁疗护的主要内容：疼痛及其他症状控制，舒适照护，心理、精神及社会支持等。

3. 世界卫生组织关于安宁疗护的标准

（1）肯定生命，认同死亡是一种自然的过程。

（2）不加速或延后死亡。

（3）尽可能减轻患者的痛苦及其他身体的不适症状。

（4）支持患者，使其在生前有较好的生活质量。

（5）心理、社会及灵性照顾相结合。

（6）支持患者家属，使他们在患者患病期间及患者去世后的悲伤期中能做适当调整。

4. 安宁疗护的原则

（1）以护理为中心。护理目标由以治疗为主转变为以照料和对症处理为主，强调对患者的生活护理和心理支持，护理的重点也要从生理上转

① 陈静、王笑蕾：《安宁疗护的发展现状与思考》，《护理研究》2018 年第 7 期。

移到心理、社会、精神等方面。

(2) 维护人的尊严。虽然生命终末期老年人处于临终阶段,但他们的尊严不应该被忽视,他们的权利也不可被剥夺,只要老年人仍具有思想和情感,护理服务人员就应维护其尊严和权利。

(3) 注重临终生活质量。护理服务人员要让生命终末期老年人在有限的时间内,在可控制的病痛下,尽量提高生活质量,感受爱的陪伴,不留遗憾地与亲人和社会告别。

(4) 正确面对死亡。护理服务人员要树立正确的生死观,承认死亡是一种客观规律,以尊敬、坦诚的心态做好护理工作,引导老年人及其亲属坦然面对死亡。

参 考 文 献

一、图书

[1] 张织雯. 护理学导论[M]. 武汉：武汉大学出版社，2015.

[2] 侯志萍，等. 护理管理与临床护理实践[M]. 长春：吉林科学技术出版社，2017.

[3] 王雪玲. 现代护理新思维[M]. 天津：天津科学技术出版社，2018.

[4] 孟令君，刘俊敏. 老年服务伦理与礼仪[M]. 北京：海洋出版社，2017.

[5] 日本社会福利法人旭川庄. 老年介护技术教程[M]. 上海：上海世界图书出版公司，2017.

[6] 徐桂莲，高玉萍. 护理伦理与法规：临床案例版[M]. 武汉：华中科技大学出版社，2016.

[7] 蔡林海. 居家养老基础知识与照料护理技术实用指南[M]. 上海：上

海科技教育出版社,2013.
[8] 李传福.养老机构经营管理实用手册[M].上海：上海世界图书出版公司,2015.
[9] 中国就业培训技术指导中心,人力资源和社会保障部社会保障能力建设中心.养老护理员(初级)[M].北京：中国劳动社会保障出版社,2013.
[10] 臧少敏,陈刚.老年健康照护技术[M].北京：北京大学出版社,2013.
[11] 金晓燕.老年生活照护[M].北京：中央广播电视大学出版社,2016.
[12] 中国就业培训技术指导中心,人力资源和社会保障部社会保障能力建设中心.养老护理员(中级)[M].北京：中国劳动社会保障出版社,2013.
[13] 朱小棠,井明鑫.老年人康复护理[M].北京：海洋出版社,2017.
[14] 人力资源和社会保障部教材办公室.养老护理员(高级)[M].北京：中国劳动社会保障出版社,2019.
[15] 赛序波.老年介护基本技术与家庭介护技巧[M].北京：中国协和医科大学出版社,2017.
[16] 黄琴.老年护理指南[M].上海：学林出版社,2019.
[17] 周洁.养老护理技术规范：长期护理保险服务项目[M].上海：上海科技教育出版社,2018.
[18] 周芬华,潘卫群.养老护理：医疗照护[M].上海：上海科学技术出版社,2019.
[19] 化前珍,胡秀英.老年护理学[M].4版.北京：人民卫生出版社,2017.
[20] 余运英.老年心理护理[M].北京：机械工业出版社,2016.
[21] 蒋玉芝.老年人心理护理[M].北京：北京师范大学出版社,2015.